福岡はすごい

牧野洋

MAKINO, Yo

イースト新書

103

はじめに

なぜいま、福岡市なのか？

まずは人口増だ。少子高齢化が急ピッチで進む日本は二〇一七年まで八年連続で人口減に見舞われている。そんな環境にありながら、福岡市では若者を中心に人口が増え続けている。

単に増えているだけではない。二〇一五年の国勢調査によると、政令指定都市のなかでは福岡市の人口増加率は断トツだ。一極集中が加速している東京都区部も上回っている。「福岡は勝ち組」という声はあちこちから聞こえてくる。

世界からも注目されている。英情報誌「モノクル」が毎年発表する「世界で最も住みやすい二五都市」ランキングの上位常連なのだ。同誌のランキングは世界三大「住みやすい都市」ランキングのひとつである。

二〇一六年はとくに話題となった。例年どおり東京、京都、福岡の三都市が日本勢としてランクインしたが、この年には福岡が過去最高の第七位に浮上。観光地として世界的に有名な京都（第九位）を上回る順位だ。

福岡が住みやすさという点で頭ひとつ抜けているのは、数字で裏づけることができる。通勤・通学時間は日本の大都市圏のなかでは最も短く、食料物価は日本の主要都市のなかで最も安い。

アジアの主要都市に直行便が飛ぶ国際空港である福岡空港も忘れてはならない。博多《はかた》駅から地下鉄でたったの五分。国際空港から都心までのアクセスのよさでは日本一どころかアジア一だ。

ラーメン専門チェーンの一風堂《いっぷうどう》が博多ラーメンのグローバル化に成功したからなのか、食文化は世界的に知られるようになった。米ユナイテッド航空の機内誌は二〇一五年に福岡を「グルメの聖地」と命名し、「次世代を担う世界八大都市」のひとつに加えている。

要するに「リバブル（住みやすい）」なのである。

私自身もリバブルを実感した。東京生まれの東京育ちでありながら、二〇一六年までの三年間を福岡市民として過ごし、妻の転職がなければ「一生ここで暮らしてもいい」と思ったほどである。都会でありながらすべてがコンパクトにまとまっており、何よりも子育てに最適な環境だった。

じつは、リバブルは二一世紀型都市を語るうえで不可欠な要素だ。「クリエイティブ都市論」を唱える米都市経済学者リチャード・フロリダによれば、リバブルでなければ都市の発展は望めない時代になりつつある。

インターネット時代に入り、IT（情報技術）やデザインなどの分野で活躍するクリエイティブな人たちは好きな場所で働けるようになったからだ。好きな場所で働けるならば、住む場所を選ぶうえでリバブルは決定的に重要になる。

サンフランシスコやシアトルなどリバブルな都市が多いアメリカ西海岸を見てみよう。世界中からクリエイティブな人たちを引き寄せたことで、アメリカ全体の成長エンジンになっている。二〇一八年初頭時点では、株式時価総額の世界トップ五社（アップル、グーグル、マイクロソフト、アマゾン、フェイスブック）はそろって西海岸企業なのである。

リバブルで有利なポジションにある福岡は日本の西海岸に相当すると考えてもいいのではないか。すでに起業の多さを示す開業率で日本一であるうえ、国家戦略特区に指定されて「スタートアップ都市」を宣言している。

私は都市問題の専門家ではない。しかし、日本経済新聞で二五年近く記者を続けた経済ジャーナリストである。欧米で長く特派員を経験し、マーケットや企業経営、メディアをテーマに本も何冊か書いてきた。

さらにはアメリカ西海岸から福岡へ移り住んで、本場西海岸と福岡の両方を実体験している。本書のために多くの関係者に取材して実体験を補強し、「福岡は日本の西海岸」との思いを強めた。

福岡のポテンシャルを引き出せば、東京に依存しないで世界とつながる「ローカルハブ」になり、地方発で日本全体を変えるきっかけになる。本書では、なぜ福岡が「日本の西海岸」であり、日本復活のカギを握っているのかを示す。

福岡はすごい　目次

第二章　住みやすさがすごい——人口増加率日本一の秘密

第三章　起業家がすごい——日本のシリコンバレー

第五章　都市戦略がすごい――「日本のシアトル」を目指す

第六章　多様化がすごい――「人種のるつぼ」の可能性

第七章　エンターテインメントがすごい――音楽・映像の拠点

第一章　すごい福岡とすごいアメリカ西海岸

カリフォルニアから福岡へ移住

二〇一三年の春、五年近く住んだカリフォルニアを離れて日本へ飛び立った。目的地は福岡市。家族のみんながカリフォルニアを気に入っており、後ろ髪を引かれる思いで飛行機に乗った。

親として子どもたちを励ましてあげたいところだったが、あいにく福岡には住んだことがなかった。訪ねたことさえなかった。住むことになっていた賃貸マンションも、実物を見ないままで契約していた。

子どもは新年度から小学五年生の長女、小学三年生の長男、保育園年中組の次女の三人で、そろって「何で日本に行かなきゃいけないの！」と抗議するばかり。無理もない。三人とも人生の大半をアメリカで過ごしており、アメリカを事実上の母国と思い込んでいたのだ。

次女にいたっては日本の記憶がまったくなかった。生後数カ月でアメリカへ連れて行かれたのである。いまになっては笑い話だが、パスポート写真は本人とは似ても似つかなかった。生後一日で撮った赤子の写真だったのだ。

最大の不安は日本語。三人ともアメリカでは日本語学校へいっさい通っておらず、言葉に問題を抱えていた。長男はほとんど日本語を忘れ、ひらがなで自分の名前を書くことさえできなかった。次女は家庭での会話も含めてまったく日本語を話せなかった。

もっとも、それはそれでよかったのだ。カリフォルニア移住の目的のひとつは子どもたちに英語を覚えてもらうことだったのだから。

帰国したら次女は瞬く間に英語を忘れてしまいかねなかった。まだ保育園児だったから、英語を覚えるのも早いが忘れるのも早いのだ（実際に日本に戻り、次女は英語を忘れてしまった）。それだけに、あと数年はカリフォルニア生活を続けたかった。

個人的にもカリフォルニアに愛着を感じていた。物心がついたころから一九六〇年代のカウンターカルチャー（対抗文化）に憧れ、カウンターカルチャーを象徴するカリフォルニアに住むという夢が四〇代後半になってようやく実現したのである。目の覚めるような青空と気楽な生活スタイルにも魅せられていた。

運命的なものも感じていた。著名経営学者ピーター・ドラッカーによる日本経済新聞「私の履歴書」連載を手伝うため、二〇〇四年から翌年にかけてカリフォルニアに長期滞在したことがあった。ロサンゼルス近郊にある「ドラッカー第二の故郷」クレアモントを訪ねたのだ。それから数年後に私自身がクレアモントに家族で移り住み、ドラッカー夫人と家族ぐるみの付き合いをすることになったのである。

東京よりも魅力的かもしれない

だが、福岡行きは絶対だった。妻がクレアモント大学院大学（CGU）で経営学の博士号を取得し、九州大学（九大）に就職することが内定したのである。妻は九大でアントレプレナーシップ（起業論）を教える准教授のポストを得て、学界でのキャリア構築に向けて大きな一歩を踏み出そうとしていた。

二〇〇七年に新聞社を辞めて脱サラした際に、私は妻とひとつの取り決めを交わしていた。私が仕事一本やりから子育てにも軸足を移すいっぽうで、妻はキャリアアップして一家の稼ぎ頭になるということだ。九大への就職はキャリアアップにとって不可欠であり、最優先事項であった。

カリフォルニアを離れたくなかったとはいえ、私には期待もあった。夫婦間ではいつも「もし日本に戻るならもう東京は嫌だね。福岡がいい」と話していたのである。インターネットで調べるかぎり、実物を見ずに契約した賃貸マンションがある街も魅力的に見えた。

福岡を訪ねたことはなかったが、私の妹から「福岡はいいところだよ。子育てにも最適」と何度か聞かされていたからである。妹は九大に就職した夫の仕事の関係で、一九九〇年代後半から延べ六年間福岡に住んだことがあった。そこで娘二人を育てている。加えて、私はかねて福岡には漠然とした憧れを抱いていた。厳密には福岡というよりも博多への憧れだ。

サラリーマンとしてあくせく働いていたとき、東京駅の電光掲示板上で新幹線の終着駅「博多」をよく目にしていたからかもしれない。博多は東京から最も遠くて旅情あふれる街だから、そこまで一人旅したらストレスから解放されてどんなに楽しいだろう——このように思っていたものだ。

私の両親も福岡が大好きだった。孫の顔を見るために妹一家の家に長期滞在するなかで、福岡に魅せられてしまったのだ。

いまは亡き父はカリフォルニアに遊びにきた際に「福岡もカリフォルニアみたいだったよ。だって文字どおり目の前にビーチが広がっていたんだから。そこで毎日釣り。夢みたいだった」と楽しそうに振り返っていた。父の趣味は釣りだった。

妹一家が住んでいたのは、福岡市西区にある九大職員用の宿舎だ。古くて狭い宿舎であったものの、豊かな自然に恵まれた場所にあり、子育てに絶好の環境だった。宿舎は九大が所有する広大な演習林の中にあり、そこを抜ければすぐにビーチ。父は毎日釣り竿《ざお》とクーラーバッグを持ってビーチに行き、時には孫たちも連れていっしょに酒のつまみの貝を探したのである。

美しいビーチはカリフォルニア並み？

飛行機が福岡空港に近づくと、私は胸を躍らせた。福岡市の海岸線に美しいビーチが広がっている光景が目に入ったからだ。

子どもたちに向かって「カリフォルニアみたい！　見てごらん！」と興奮気味に話している自分に気づいた。「世界で最も美しいドライブルート」とも言われるパシフィック・コースト・ハイウェーを思い浮かべたのだ。

パシフィック・コースト・ハイウェーは、カリフォルニア南部のサンディエゴから北部のサンフランシスコまで一〇〇〇キロに及ぶ海岸線を走る州道のことだ。私にとって思い出深いドライブルートだ。子どもたちをビーチで遊ばせたりキャンプに連れて行ったりするために、何度も利用したことがある。

海岸線を見ながら機上で「車を手に入れたらまずあそこへドライブに行こう。子どもたちが喜ぶかもしれないから」と思った。ビーチへ遊びに行けば、子どもたちは「なあんだ、福岡はカリフォルニアみたいなんだ」と安心してくれるかもしれない——そんな期待を抱いた。

あとになってわかったのだが、機上から目にしたビーチは福岡市東区の「海《うみ》の中道《なかみち》」だった。そこは九州本土と志賀島《しかのしま》をつなぐ全長八キロの砂州だ。北側は日本海西端の海域である玄界灘《げんかいなだ》、南側は福岡市の内湾である博多湾になっている。

引っ越しを済ませて一段落すると、真っ先に機上での思いを実行した。海の中道へ家族でドライブに出かけたのである。「ひょっとしたらサンタモニカのようなビーチがあるかもしれない」と密かに思いながら。

サンタモニカは、パシフィック・コースト・ハイウェー沿いにある高級リゾート地だ。まぶしいほど真っ白なビーチと太平洋に沈む夕日が絵になることで有名だ。元参議院議員で現在はシンガポールに住む田村耕太郎《たむらこうたろう》も二〇一一年の一時期にサンタモニカの住民だった。ここに本部を置くランド研究所の研究員になったのだ。

私はサンタモニカで彼とランチを共にした際に「ここはすばらしいところですよね。長くここに住んだらどうですか」と聞いてみたことがある。すると「いや、そんなことしたらだめになってしまう」との答えが返ってきた。これは「あまりにも居心地がいいから日本に戻りたくなくなってしまう」という意味の褒め言葉である。

さて、海の中道ドライブはどうなったか。結論から言うと、まったくの期待外れに終わった。玄界灘側に広がる美しいビーチに一度も出ることができなかったのだ。車を駐車する場所も見つけられないまま走り続け、気づいたらいつのまにか志賀島の中に入っていた。

玄界灘側は自然のままで開発されておらず、福岡版サンタモニカは存在しなかったのである。家族全員でがっかりした。私は「ごめんね。絶対にビーチを見ることができると思い込んでいた」と反省すると同時に、「こんなに豊かな自然があるのにもったいない。道路からビーチを見ることさえできないなんて」とぼやいた。

とはいえ、海の中道には豊かな自然があるのも確かである。たったの八キロの海岸線とはいっても、将来的に福岡版サンタモニカになるポテンシャルを秘めている。しかも市の中心部から車で三〇分ほどの近さにある。

共通点①カリフォルニアと福岡は同じ「西海岸」

私は二〇一三年春に福岡市に移り住み、結局二〇一六年春までまるまる三年間そこで生活することになった。福岡を離れることになったのは、妻が東京理科大学へ転職することになったためだ。

家族のみんなが福岡を気に入っていた。三年前にカリフォルニアを離れるときと同じように、家族はみんな後ろ髪を引かれる思いで福岡を離れなければならなかった。

私は地元小学校のPTA会長も務め、すっかり地元に溶け込んでいた。「一生ここで暮らしてもいい」と本気で思っていた。もうすぐ小学校六年生の長男は「お願いだから東京だけはやめて!」と懇願するほどだった。

三年間住んでわかったのは、私が福岡行きの飛行機の中で口にした「カリフォルニアみたい!」という第一印象はおおよそ当たっていたということだ。個人的な体験からカリフォルニアと福岡の共通項がいくつか浮かび上がったのである。

第一に、カリフォルニアも福岡も地理的には同じ西側に位置する。アラスカとハワイを別とすれば、カリフォルニアはアメリカの西端に位置しており、西海岸の中心である。福岡を中心とした九州も、沖縄を除けば日本の西端に位置しているのだから、日本の西海岸と呼んでいいのではないか。

西日本と言うと、一般には関西がイメージされるかもしれない。NTT西日本の本社は大阪だし、JR西日本の本社も大阪だ。もっとも、大阪は日本の西端ではない。アメリカなら中西部のシカゴやデトロイトに相当する。日本の西端は九州であり、地理的には「九州＝西海岸」である。

共通点②政治・経済中枢機構から離れている

第二に、カリフォルニアと同様に、福岡も権威主義的な政治・経済中枢機構から物理的に離れている。地理的に西端にあるからこそである。

カリフォルニアにとってのアンチテーゼはいわゆる「東海岸エスタブリッシュメント」である。ウォール街があるニューヨークや首都であるワシントンのことだ。カリフォルニアはカウンターカルチャーの中心であるとともに伝統的にリベラル派の牙城であり、古い東海岸エスタブリッシュメントと相いれないことが多い。

二〇一六年にドナルド・トランプがアメリカの大統領選挙で勝利すると、カリフォルニアでは「カリグジット」運動が盛り上がったほどだ。カリグジットとはイギリスの欧州連合（EU）離脱を意味する「ブレグジット」をもじった表現であり、カリフォルニアがアメリカ合衆国から離脱して独立国になることを意味する。

福岡にとって東海岸エスタブリッシュメントに相当するのは東京だ。アメリカの東海岸エスタブリッシュメントと同様に東側にある。

政治・経済・文化機能を一手に担う東京は日本の一極集中を体現しており、アメリカでいえばニューヨークとワシントンを合体させたような存在だ。福岡はもちろん大阪や名古屋でも東京とまともに張り合うことはできない。

とはいっても、くり返しになるが福岡は日本の西端にあり、あえて東京と張り合う必要はない。別のベクトルで動けばいいのだ。カリフォルニアはシリコンバレーやハリウッドを成長エンジンにしている。東海岸エスタブリッシュメントとはまったく別のベクトルで発展したのである。

共通点③イノベーションとエンターテインメントに優れている

第三に、イノベーションとエンターテインメントの分野で福岡は主要地方都市のなかで頭ひとつ抜けている。「イノベーション＝シリコンバレー」「エンターテインメント＝ハリウッド」という構図で考えれば、カリフォルニアと似ている。

まずはイノベーション。この点ではソフトバンクグループ創業者の孫正義《そんまさよし》と「ホリエモン」こと堀江貴文《ほりえたかふみ》がまず思い浮かぶ。福岡にゆかりのある起業家として全国的に知られており、起業を目指す若者のロールモデルになっている。

そんな風土があるからなのか、起業の多さを図る物差しのひとつである開業率では、福岡市は二〇一五年度まで三年連続で日本一。市長の高島宗一郎《たかしまそういちろう》が「スタートアップ都市」を宣言するなど、行政側もスタートアップ育成を全面的にバックアップしている。

スタートアップという言葉には新しい時代を予感させる響きがある。斬新なビジネスモデルを探し出し、短期間のうちに急成長を遂げる一時的なチームがスタートアップだ。イノベーションを起こして世の中を変えることを使命にする。日本で広く使われる「ベンチャー企業」は和製英語であるうえ、広く中小企業も含む場合があるなど、微妙に意味合いが異なる。

すでにイノベーションを起こしている有力IT企業も福岡に拠点を築いている。二〇一三年には、対話アプリ大手のLINEが国内第二の拠点を福岡に設けると発表して話題になった。子会社「LINE福岡」を設立して博多駅前の最新鋭オフィスビル

「ＪＲＪＰビル」に入居。グローバルな人材確保の拠点と位置づけ、二〇一七年七月までに社員を五倍増の九〇〇人近くにまで増員している（ＬＩＮＥ東京本社は同年一〇月時点で一七〇〇人強）。

福岡で起業して世界で事業展開しているＩＴ企業もある。代表例は作図・共有サービス「Ｃａｃｏｏ《カクー》」を運営するヌーラボ。日本経済新聞紙上では二〇一七年八月に「利用者は二六〇万人超に上る。八五％が海外の利用で、その地域も一〇〇カ国以上に広がる。海外での利用者増を受け社内もグローバル化が進み、今やグループ約八〇人の社員のうち二〇人以上が海外人材」と紹介されている。

エンターテインメントでは福岡は地方都市のなかで突出していると言ってもいいだろう。井上陽水《いのうえようすい》、チューリップ、海援隊《かいえんたい》、甲斐《かい》バンド、シーナ＆ロケッツ、ＣＨＡＧＥ＆ＡＳＫＡ、松田聖子《まつだせいこ》、チェッカーズ、ＫＡＮ、ナンバーガール、１７５Ｒ《イナゴライダー》、浜崎《はまさき》あゆみ、椎名林檎《しいなりんご》――。北九州《きたきゅうしゅう》市や久留米《くるめ》市など福岡県全域にまで広げると、福岡出身の有名アーティストは枚挙にいとまがない。お笑いではタモリ、俳優では高倉健《たかくらけん》がいる。

個人的にも福岡ゆかりのアーティストと接点があった。私の母が福岡市内の有料老人ホームに入居したところ、アメリカ帰りの若い医者が担当医になった。クリニックに電話するとＭＩＳＩＡの大ヒット曲「Everything」のメロディーが流れた。あとになって理由がわかった。担当医はＭＩＳＩＡの兄だったのだ。

アーティストに加えて映像などのクリエイター集団も「エンターテインメント都市・福岡」に欠かせない存在だ。

二〇二〇年の東京五輪招致のために使われたプロモーションビデオをご存じだろうか。躍動感とスピード感のある演出で高い評価を得ている。これをつくったのは、福岡を拠点にする映像制作会社「空気株式会社（ＫＯＯ‐ＫＩ）」だ。代表の江口《えぐち》カンは福岡生まれの福岡育ちで、世界三大広告賞のひとつ「カンヌ国際広告祭」（現・カンヌライオンズ）で金賞を受賞したこともある。

共通点④都会でありながら豊かな自然環境

第四に、都会的な生活を送りながら手軽に大自然も楽しめる点で、福岡とカリフォルニアは共通する。言い換えると、両者とも「リバブル（住みやすい）」なのである。

カリフォルニアでは、私は夏になると毎週のように家族でビーチに出かけた。車を一時間ほど走らせれば、信じられないほど広大なビーチに行ける。そこへ子どもたちを連れて行けば、退屈しないで勝手に一日中遊んでくれる。

ビーチタウンであるデイナポイントでキャンプしたときには感激した。簡易式テントや寝袋をミニバンに詰め込み、一時間で現地に到着。「ビーチフロント」だから文字どおりビーチ上に駐車し、すぐ横にテントを張った。

ビーチは混んでおらず、「海の家」のような出店もなく静か。海の音を聞き、星空を眺めながら焚火をした。キャンプに付き物のマシュマロも入手し、串刺しにして焼いて食べた。共用のトイレとシャワールームも徒歩数分の場所にあり、快適だった。

しかも安い。キャンプ代は家族五人で数十ドル。駐車代もチップも不要。それでありながら子どもたちは「ホテルよりもずっと楽しい」と喜ぶ。夫婦間では「もう家族旅行でホテルを使うのはやめよう。キャンプのほうが絶対にいい」で意見が一致した。

ビーチだけではない。CGUの経営大学院ドラッカースクールの学長を務めていたアイラ・ジャクソンは新入生を前にスピーチし、「南カリフォルニアという土地柄に魅せられる人は大勢います。午前中はスキー、午後はサーフィンといった生活ができる。世界広しといえども、こんな芸当が可能なのはここくらい」と誇らしげに語っていた。

実際、地中海性気候の南カリフォルニアでは、冬でも暖かいからサーフィンができるいっぽうで、冬のあいだは山へ行けば雪が積もるほど寒い。私が住んでいたロサンゼルス近郊のクレアモントからは、渋滞がなければ車でスキー場があるマウント・ボールディまで四〇分、サーフィンができるニューポートビーチまでやはり四〇分で行けた。

そんなわけで、冬になると不思議な景色にもお目にかかれる。ヤシの木の背後に雪山がそびえているのだ。ヤシの木はカリフォルニアのトレードマークで、南国を連想させる。にもかかわらず景色の中では雪山といっしょになっているというわけだ。

福岡もコンパクトシティを売り物にしているだけに、週末には手軽に山や海へ遊びに行ける環境にある。

福岡に住むようになって個人的にはスイスのコンパクトシティ、チューリヒを連想した。一九九〇年代半ばに記者としてチューリヒに駐在し、冬のあいだは毎週末のように日帰りスキーを楽しんだものだ。さすがに福岡では手軽にスキーはできないが、一時間も車を走らせれば大自然の中でキャンプができる。

福岡で思い出深かったのは、二〇一五年に旅行した佐賀県唐津《からつ》市のビーチだ。福岡市内から車を走らせ、自然豊かな福岡県糸島《いとしま》市を抜けてちょうど一時間で唐津市内に到着。そこで宿泊した「唐津シーサイドホテル」の客室からは、白いビーチに迫る雄大な海を見渡せた。絶景であり、南カリフォルニアのビーチを彷彿《ほうふつ》とさせた。

それもそのはず、ここは伝説的なフランス人ダイバーであるジャック・マイヨールが愛したホテルなのだ。マイヨールは一九八八年公開の映画『グラン・ブルー』の主人公のモデルになり、世界的に知られるようになった。ホテル内のロビーには彼が愛用したフィンなども飾られている。

一九二七年に中国・上海《シャンハイ》で生まれたマイヨールは幼少時、毎年夏になるとバカンスで家族とともに唐津を訪れて海で遊んだ。そこで初めてイルカに出会い、自分自身の原点とした。『グラン・ブルー』のなかで描かれるマイヨールもイルカを心のよりどころにしている。

残念ながら、現代の唐津湾ではイルカを見ることはできない。しかも、遠目ではきれいなビーチも、じつは海面下はごみで汚れていた。子どもたちは海に入ると「足元にごみがいっぱいある」と言って嫌がっていた。

共通点⑤グローバルであり多様的

第五に、カリフォルニアも福岡もアジアとの結びつきが強く、グローバル性・多様性を売り物にしている。

カリフォルニアに住んで最初に思ったのは、日常生活で自分が外国人であると意識させられる場面がほとんどないということだ。ショッピングに出かけたりレストランで食事したりしているとき、「日本人?」「どこからきたの?」などと聞かれることはなかった。アジア系顧客の来店は日常のひとコマにすぎず、そこに驚きはない。

カリフォルニアではアジア系人口は多く、アメリカ社会に溶け込んでいるのだ。アジア系の食料品店やレストランがいたるところにあるなど、アジア人にとって快適な生活環境があるということでもある。田舎町のスーパーにさえ日本の食材が置かれている。

二〇一〇年の国勢調査によると、カリフォルニアでは人口の一五%が中国系を中心としたアジア系であり、白人、ヒスパニックに次いで目立つ存在だ。カリフォルニアは全米最大の人口を誇るだけに、アジア系は絶対数で五五〇万人以上に上り、シンガポールの人口に匹敵する。

高等教育に限るとアジア系の比率はさらに高まる。カリフォルニア大学(UC)の旗艦校であるUCバークレーの新入生を見ると、二〇一七年秋学期でアジア系の比率は四二%だ。白人(二五%)やヒスパニック系(一四%)を圧倒してマジョリティを形成している。UCバークレー卒業生には孫正義もいる。

私の子どもたちが通っていたクレアモントの公立小学校でもアジア系児童は多かった。だからなのか、小学一年生として入学した長女は当初「私はアメリカ人なの？ それとも日本人？」と質問してきたほどなのだ。こんな質問をするのも、外国人扱いされることがなく、外国人であると意識したことがなかったからだろう。

そもそも、アメリカの西海岸は太平洋を挟んで日本を含めた東アジアとつながっている。アジア太平洋地域の二一カ国・地域が参加するＡＰＥＣ（アジア太平洋経済協力）には日本とともにアメリカも加わっている。

いっぽう、福岡は韓国や中国など近隣アジア諸国に近いこともあり、「アジアの玄関口」をキャッチフレーズにしている。古くは博多港から遣唐使《けんとうし》を送り出したり、蒙古《もうこ》襲来に備えて博多湾に防塁を築いたりするなど、歴史的にもアジアと近い。

よそ者に優しい福岡

だからなのだろうか、個人的にも「よそ者に優しい福岡」を実感した。

当初、福岡行きについては一抹の不安を抱いていた。「外国かぶれ」と言われてなかなか地元に溶け込めないかもしれないし、日本語に不自由な子どもたちはいじめに遭うかもしれない――このように気をもんだものだ。何しろ日本の地方都市に住むのは初めてだったのだ。

福岡到着前に母といっしょに高倉健主演の映画『あなたへ』を見て、改めて「大丈夫だろうか」と感じた。ロケ地に長崎が含まれていたのだが、漁港で地元の人たちが話す長崎弁がほとんど聞き取れなかったのだ。長崎弁が難しいなら同じように博多弁も難しいかもしれないとやきもきした。

不安は杞憂《きゆう》に終わった。「外国かぶれ」と言われることは一度もなかったし、福岡生活一年後には早くも地元小学校のPTA会長を打診されたのである。PTA会長ともなれば地元の顔である。東京と海外でしか生活経験のないよそ者の私が地元の顔になるとは、まったく予期していなかった。

博多生まれで博多育ちの小学校校長はすばらしかった。「お子さんは英語話すんですか。いいですね」と言い、外国の子どもたちが来校した際には私の長女を臨時の校長専属通訳に抜擢《ばってき》してくれた。そんなこともあり、長女は学校で「日本語をうまく話せない日本人」ではなく「英語を流ちょうに話す日本人」と見なされ、クラスメートと仲よくなれたのである。

いわゆる「支店経済の街」と関係しているのかもしれない。典型的な支店経済の福岡では大企業や官公庁の転勤族が多く、頻繁に住民が入れ替わる。さまざまな地方出身者が交じり合い、国内版「人種のるつぼ」が出現するわけだ。私が会長を務めたPTAでも、博多弁のほか関西弁や東京弁もあたりまえのように飛び交っていた。

国際版「人種のるつぼ」も出現している。

たとえば、福岡は中国人旅行客による「爆買《ばくが》い」の一大拠点だ。博多港へのクルーズ船の寄港を見てみよう。二〇一七年には港の工事で五〇日間にわたって利用が制限されたにもかかわらず、中国人旅行客らを乗せるクルーズ船の寄港回数は三年連続で国内最多を記録している。

第六章で詳しく取り上げるが、外国人人口の伸び率や外国人留学生の多さを見ても、福岡は主要都市のなかで目立っている。やはりアジア系を中心に引き寄せており、「アジアの玄関口」の面目躍如である。外国にルーツを持つ園児が全体の五割を占め、イスラム系園児のために特別な給食を用意する保育園もある。

毎年夏に世界数十カ国から子どもを福岡へ呼んでホームステイしてもらう草の根プログラムもある。二〇一八年で三〇周年を迎える「アジア太平洋こども会議・イン福岡

（APCC）」だ。ボランティアを中心にした組織でこれだけ大規模に、しかも長期におこなわれる国際交流活動は福岡の専売特許ではないか。

アメリカを救った西海岸企業

さて、ここで大胆な仮説を立ててみたい。

カリフォルニアも福岡も同じ西海岸であり、多くの面で共通するならば、「福岡が日本を救う」という未来を描けるのではないか。なぜなら、アメリカがそうだったからである。東海岸エスタブリッシュメントに対するアンチテーゼである西海岸がアメリカを救ったのだ。

経済の鏡と言われる株式市場を見れば一目瞭然だ。二〇一八年の一月二日時点で見ると、株式時価総額で世界の上位五社はアップル、アルファベット（グーグルの親会社）、マイクロソフト、アマゾン・ドット・コム、フェイスブック。そろってアメリカ西海岸企業であり、まとめて「ITビッグ5」や「フライトフル5（恐ろしい五社）」と呼ばれている。

ちなみに、ITビッグ5のうちアップル、アルファベット、フェイスブックの三社はシリコンバレー企業だが、マイクロソフトとアマゾンの二社はアメリカ北西部のワシントン

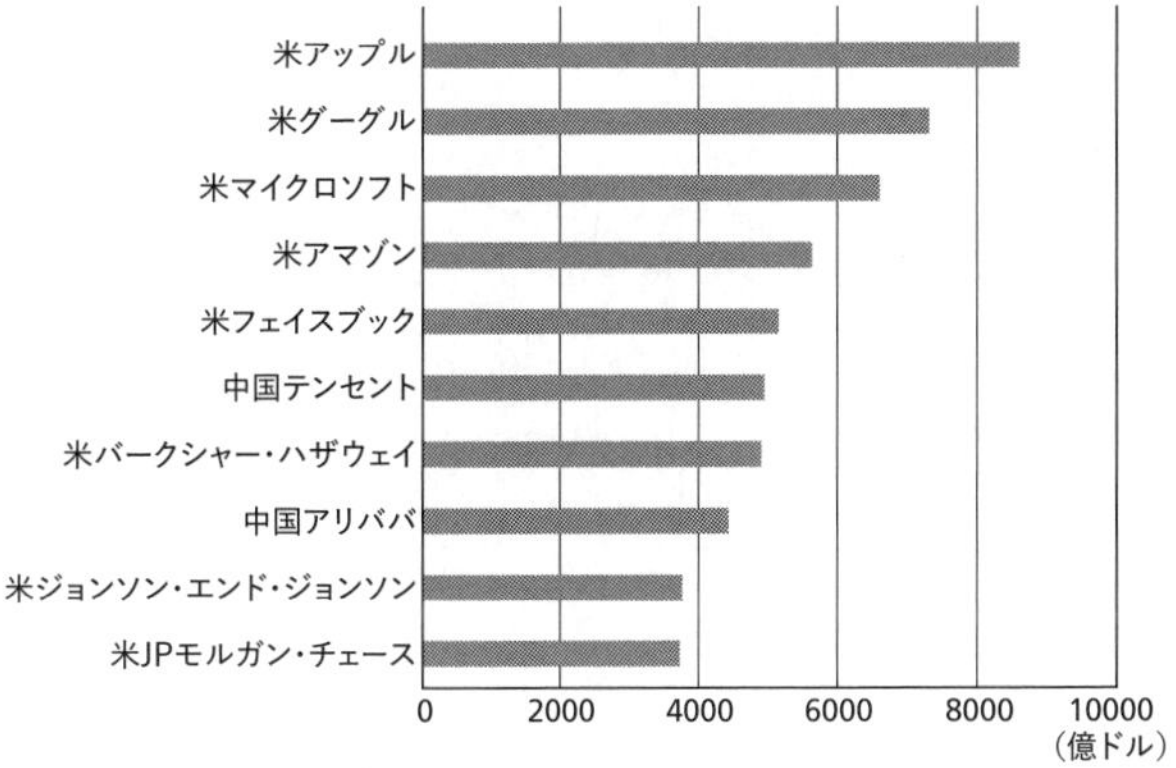

図表1　「世界で最も価値ある企業」トップ5はすべてアメリカ西海岸企業
株式時価総額、2018年1月2日時点、グーグルは持ち株会社アルファベットの時価総額

州シアトルを本拠地にしている。

　時価総額とは平たく言えば企業の値段であり、M&A（企業の合併・買収）の際に最も重視される数字だ。ITビッグ5首位のアップルの時価総額は八六〇九億ドルで、一ドル＝一一〇円で日本円換算すると九五兆円になる。ITビッグ5合計で三兆三三〇〇億ドルだ。

　あまりに巨額で、にわかにイメージしにくい金額だ。七カ国（G7）を構成する主要国の国内総生産（GDP）と比べてみよう。ITビッグ5の時価総額合計はフランスやイギリスを上回り、ドイツに迫っている。ドイツはGDPで世界第四位の経済大国だ。

　では、第二次大戦後の超大国アメリカをけん引し、東海岸エスタブリッシュメントと近かった伝統的企業はどうなったのだろうか。

巨大企業の代表格として長らく戦後アメリカに君臨したのはゼネラル・エレクトリック（GE）とゼネラル・モーターズ（GM）だ。前者は東海岸のコングロマリット（複合企業）で、二〇一七年に解体の危機に直面。後者は中西部の自動車最大手で、二〇〇九年に経営破たんして上場廃止になっている（国有化後に二〇一〇年に株式再上場）。

株式市場では昔の栄光はすっかり消え失せている。二〇一八年一月二日時点で見てみよう。かつて名経営者ジャック・ウェルチのもとで「世界で最も価値ある企業」ともてはやされたGEの時価総額は一五〇〇億ドル台で、アップルの五分の一以下だ。GMに至っては六〇〇億ドルにも満たない。

仮に西海岸がイノベーションの中心地の役割を担えず、ITビッグ5を生み出せなかったら、アメリカはどうなっていただろうか。GEやGMの現状に答えがあるのではないか。東海岸や中西部の旧来型産業の没落と歩調を合わせる形で、アメリカ全体も競争力を失っていた可能性がある。

いわゆる「ラストベルト（さびついた工業地帯）」ではアメリカの未来を担えないのだ。ラストベルトとは、中西部から東海岸にかけて自動車・鉄鋼・石炭など斜陽産業が集中する地域のことだ。失業率が高いことなどで有権者のあいだで不満が鬱積し、トランプ大統領誕生に一役買った地域でもある。要するに、西海岸がラストベルトの衰退を埋め合わせて余りあるイノベーションを起こしたことで、アメリカは二一世紀になっても圧倒的な競争力を維持できているのである。西海岸の中心であるカリフォルニアは、二〇一七年に国内総生産（GDP）でイギリスを追い抜き、国として考えれば世界第五位の「経済大国」に浮上している。西海岸がアメリカを救ったと言っても過言ではない。

「福岡が日本を救う」は荒唐無稽か

もちろん、現時点では「福岡が日本を救う」という構図は多くの人にとって荒唐無稽に聞こえるだろう。東京一極集中の日本では、一地方都市が日本を救うという未来はなかなか想像しにくいはずだ。

とはいえ、半世紀前のアメリカ西海岸も同じだった。誰かが「西海岸がアメリカを救う」と予言したら、やはり荒唐無稽に聞こえたはずだ。

たとえばシリコンバレー。米スタンフォード大学に籍を置く歴史家のレスリー・バーリンは二〇一七年出版の著書『トラブルメーカーズ《Troublemakers: Silicon Valley's

Coming of Age》』（サイモン&ミュスター刊）のなかで「一九六九年、現在のシリコンバレーはシリコンバレーとさえ呼ばれていなかった。スモモとアンズの果樹園で知られる地域だった」としたうえで、次のように書いている（引用者訳）。

当時の主要産業は製造業。地元のエレクトロニクス産業で働く人たちの六割はブルーカラー労働者で占められていた。ハイテク産業はロッキードやGTEシステムズなど防衛関連に限られ、高度な世界的サプライチェーンも築いていなかった。いっぽうで、年金基金は高リスク・高リターンのスタートアップ企業へ投資できなかった。連邦法で禁じられていたのだ。そもそも起業家は信用されていなかった。真面目なサラリーマンとして出世できない変人・奇人と見なされていた。

当時のシリコンバレーは果樹園労働とブルーカラー労働が中心の世界で、ITとはほとんど接点を持っていなかったのだ。

マイクロソフトやアマゾンを生み出したシアトルはどうか。やはりITとは無縁であり、そこに本社を置く航空機メーカーのボーイングに経済的に大きく依存していた。同社による大リストラの影響で、一九七〇年代前半には全米平均を大きく上回る二ケタの失業率に苦しんでいた。

福岡は数十年前のアメリカ西海岸

現在の福岡は数十年前のアメリカ西海岸であると考えたらどうだろうか。少なくともポテンシャルはあるのではないか。

そのように思っている福岡人は少なくない。市長の高島宗一郎は人口が福岡市の半分にも満たないシアトルの発展に衝撃を受けて「スタートアップ都市」を宣言した。福岡を「日本のシアトル」にしようと考えている。

福岡に本拠を置く九州大学は、シリコンバレーの中核を担う米スタンフォード大をお手本にして「日本のスタンフォード」を目指している。アメリカで大成功した起業家ロバート・ファンの寄付金を得て二〇一〇年に本格的な起業家教育センターを設立。それから七年後には大学公認の部活動として「起業部」を発足させ、教育から実践へ軸足を移しつつある。

ハリウッドを目指す動きもある。代表例は「妖怪ウォッチ」で有名なレベルファイブだ。

同社社長の日野晃博《ひのあきひろ》は「福岡をゲームのハリウッドにしたい」と公言している。同社は福岡に本社を置いている。だからテレビアニメ「妖怪ウォッチ」のエンディングテーマで流れる「ようかい体操第一」は博多弁なのだ。

少子高齢化が急速に進んで明るい未来を描きにくくなってきた日本。しかも、アメリカでGEやGMなど伝統的大企業が凋落《ちょうらく》したように、日本でも伝統的大企業が凋落している。経団連会長を輩出した名門企業、東京電力と東芝の二社が代表例だ。前者は福島第一原発事故、後者は不正会計事件をきっかけに失墜している。

巨大すぎる東京ではなく、コンパクトシティの福岡がロールモデルとなって日本全体を変えていく——こんなシナリオを描けないか。荒唐無稽ではない。福岡はリバブルでグローバルであると同時に、イノベーションとエンターテインメントで強みを持っている。アメリカ西海岸と似た条件を備えているのだ。

「フラクタル理論」に従えば、アメリカ西海岸の一部を切り取っても、そこには全体と同様の形が現れる。いわゆる「自己相似」であり、全体と同じようにシアトル、シリコンバレー、ハリウッドの三要素がそろっている。福岡もそのように位置づければいいのかもしれない。

第二章
住みやすさがすごい——人口増加率日本一の秘密

東京ではありえない家賃と広さ

二〇一二年暮れのことだ。インターネットで福岡市内の物件を探していたら、東区千早《ちはや》地区の賃貸マンションを見つけて「これだ！」と思った。いろんな条件がぴったり合っていたのだ。

第一に、妻が就職することになっていた九州大学の箱崎《はこざき》キャンパスが近い。JR鹿児島本線を使えば、最寄りの千早駅から九大箱崎キャンパスがある箱崎駅までたったの一駅。目当ての賃貸マンションも千早駅から徒歩数分の距離にある。

箱崎キャンパスまであえて電車を使う必要もない。距離にして三・五キロ前後なので、自転車で通勤できる。気持ちがいいうえに運動にもなるから、雨天でなければ妻はできる限り自転車通勤していたものだ。手荷物が少なければウォーキングもできた。

第二に、これほど都心に近くて便利であるにもかかわらず、広くて手ごろな家賃だった。面積は一三六平方メートルで、私が事務所兼寝室として想定した部屋だけで二七畳もあった。これで家賃は管理費、高速インターネット代、駐車場代、駐輪場代込みで月二〇万円。しかもデザインに凝った建築で新築。東京の基準では破格の広さと値段だ。

家賃だけ見ればたしかに高い。だが、私としてはできるだけ広い空間を確保したかった。

五年近いカリフォルニア生活で広々とした空間に慣れていた子どもたちのことを思ったからである。「日本は狭くて嫌だ」という気持ちにはさせたくなかった。

第三に、写真で見るかぎり千早地区は街全体がきれいに整備されて未来都市のように見えた。旧操車場跡地を再開発中の同地区には最新の高層ビルが建ち並び、歩道は広くて電柱は地中化されている。千早駅駅舎と一体化している商業施設一階にはスーパーやパン屋、ドラッグストア、書店などもあり、買い物にも便利だ。

入居後にわかったのだが、マンションの一階にはおしゃれなカフェと自転車店も入居していた。この自転車店はトレック専門店で、トレックはアメリカの有名自転車ブランドだ。偶然にも、夫婦でいっしょにカリフォルニアで購入し、福岡に持ち込んだ自転車もトレックだった。

私は妻に「家賃が高いけれども、これがいいかな?」と聞いてみた。すると、「どうせ実物を見に行けないんだから、直感を信じればいいんじゃない」という答えが返ってきた。

都心に近く、家は広く、街はきれい――。東京ならば絶対に不可能な住環境が福岡なら手に入ると考えると、「福岡行きは意外といいかも!」などと密かにわくわくした。あとになって「リバブル(住みやすい)都市」という言葉を目にして腑《ふ》に落ちた。

クリエイターが集まる理由

リバブル都市ランキングで福岡が世界第一二位なんてすごい——。福岡市に引っ越して数カ月後の二〇一三年六月、私は英情報誌モノクルのランキングを見て驚いた。日本勢としてランクインした三都市のうちのひとつに福岡が選ばれていたのである。しかも、第四位の東京には負けているものの、第一三位の京都を上回っている。横浜《よこはま》や大阪、名古屋《なごや》は上位二五都市に入れず、ランク外だ。私は数カ月の福岡生活で「ここは住みやすい」と実感していたけれども、これほどの評価を得ているとは想像していなかった。モノクルは福岡について次のように評価していた（引用者訳）。

福岡は豊かな緑に囲まれ、そこでは一五〇万人の市民がリラックスした都会生活を楽しんでいる。東京、上海、ソウルからほぼ同じ距離であり、アジア市場開拓を目指す企業にとって理想的なロケーションにある。加えて、美しい山や海が近くにあり、空気もきれい。アートシーンも活発で、食文化も充実。こんな環境に魅力を感じ、世界的ＩＴ（情報技術）企業の多くが福岡に研究開発拠点を設けている。

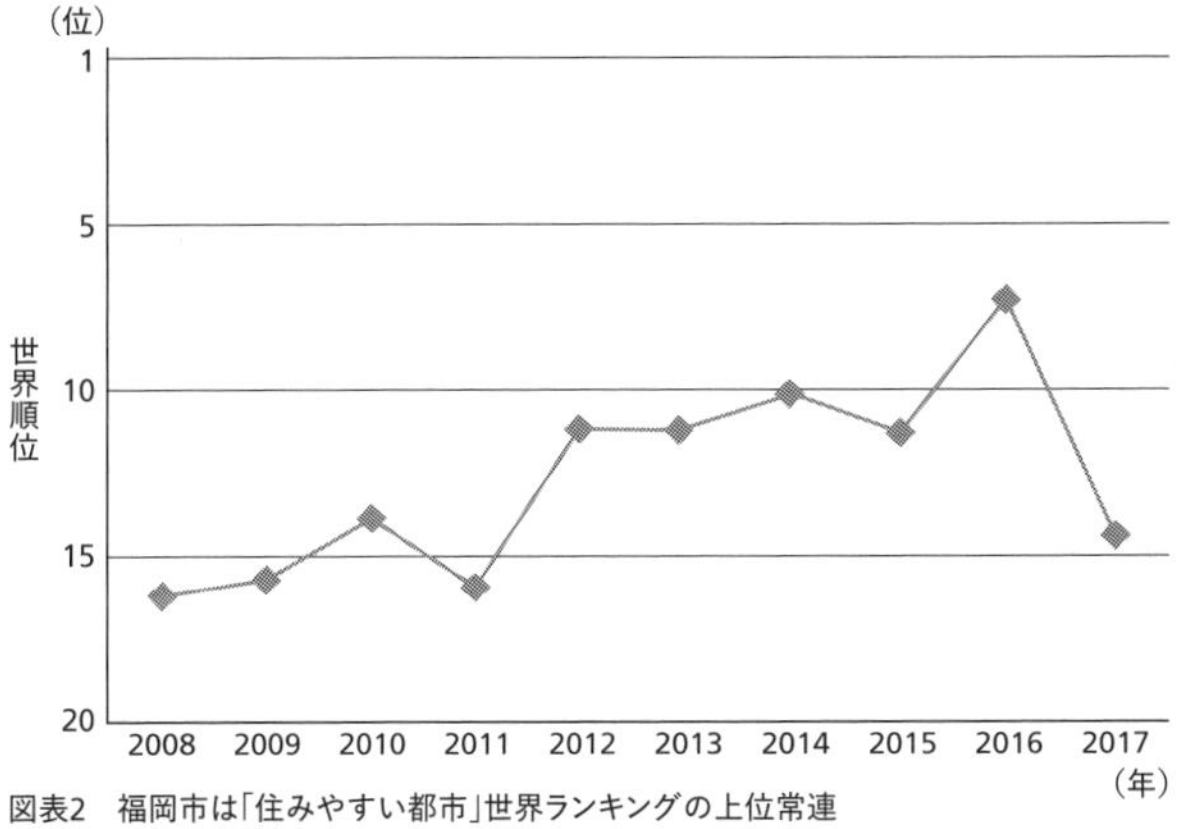

図表2　福岡市は「住みやすい都市」世界ランキングの上位常連
英モノクル誌のランキングより

翌年以降も福岡はランキング上位を維持している。二〇一四年に第一〇位、一五年に再び第一二位、一六年に過去最高の第七位、一七年に第一四位となっている。

モノクルのランキングは世界中の都市計画者や研究者が注目している指標だ。世界三大リバブル都市ランキングのひとつだからだ（ほかのふたつは英経済誌エコノミストによるランキングと米コンサルティング会社マーサーによるランキング）。

ここで上位常連であるというのは、福岡が「日本国内で競争する単なる一地方都市」から「世界で通用する二一世紀型都市」へ脱皮しつつあるということでもある。二一世紀型都市とは、「クリエイティブ都市論」で知られ、現代都市論の第一人者と言われる米都市経済学者リチャード・フロリダが描く都市像である。
次は、フロリダの著書『クリエイティブ都市論――創造性は居心地のよい場所を求める』（邦訳版はダイヤモンド社刊）からの引用だ（原著から引用者訳）。

クリエイティブ経済で重要なのは、才能にあふれて生産性が高いクリエイティブな人たちが一団になって特定の都市・地域に密集することだ。私はこれをクラスタリングフォース（密集力）と呼んでいる。クラスタリングフォースによってよりクリエイティブな人たちがより生産的になり、彼らが住んでいる都市・地域もより生産的になる。最終的には大幅な生産増と富の創造をもたらす。このようにして都市・地域は経済成長のエンジンになる。

クリエイティブな人たちとは専門用語で「クリエイティブクラス」と呼ばれ、科学者、エンジニア、大学教授、アーティスト、デザイナー、建築家らのことを指す。「マネジメントの発明者」と言われる経営学者ピーター・ドラッカーの言葉を借りれば知識労働者のことだ。

ネット時代が到来し、クリエイティブな人たちは地理的な制約から解放された。「ストレスの高い巨大都市から離れ、どこかの片田舎で仕事することもできるようになった」（フロリダ）。クリエイティブな人たちを引き寄せる決定打がリバブルなのである。

なぜ人口増加率で東京を抜けたのか

リバブルだからこそ福岡市の人口は増え続けているのだろう。

五年に一度の頻度でおこなわれる国勢調査を見てみよう。二〇一五年一〇月一日現在で人口は一五三万九〇〇〇人弱。政令指定都市のなかでは神戸《こうべ》市や京都市を抜いて五位へ浮上し、日本五大都市の一角に食い込んでいる。

それだけではない。福岡市は五年前と比べて五・一％の人口増加率を記録し、二一大都市（政令指定都市と東京都区部）のなかで第二位の東京（三・七％）を引き離して日本一だ。日本全体では東京への一極集中が加速する構図が鮮明になっているなかで、福岡市には東京も上回る勢いがある。

人口を押し上げている主役は若者と見られている。福岡市内外の転出入者数を年齢別に見てみると、調査対象期間の五年間で一〇代後半から二〇代前半までの若者は大幅な転入超過だ。とくに女性の数が多く、女性については二〇代後半でも転入超過となっている。

結果として、福岡市では一〇代と二〇代の市内人口は全体の二二・〇五％に達し、若者の比率は政令指定都市のなかで最も高い。第二位は仙台市《せんだい》（二二・〇三％）、第三位は京都市（二一・七二％）だ。

なぜ若者なのか。

まず、大学や専門学校が受け皿になっていると考えられている。福岡市内には旧帝国大学のひとつである九州大学があり、そこには九州全域から学生が集まっている。大都市統計協議会の「大都市比較統計年表」によると、二〇一五年五月一日現在で学生数の割合は七・一％。二一大都市のなかで京都、東京都区部に続いて第三位だ。

クリエイティブな人たちが働くＩＴやサービスなど第三次産業の比率が高い点も見逃せない。福岡市では第三次産業の割合が九割に達しており、成長力の高い知識集約型産業の受け皿になっているようだ。「支店経済」とも呼ばれる福岡市は製造業の産業集積がないのが弱みと言われてきたが、いまでは逆に強みになっているとも言える。

対話アプリ大手のＬＩＮＥにとっての国内第二の拠点「ＬＩＮＥ福岡」を見るとわかりやすい。同社が社員にアンケート調査をおこなったところ、地元福岡だけでなく首都圏や

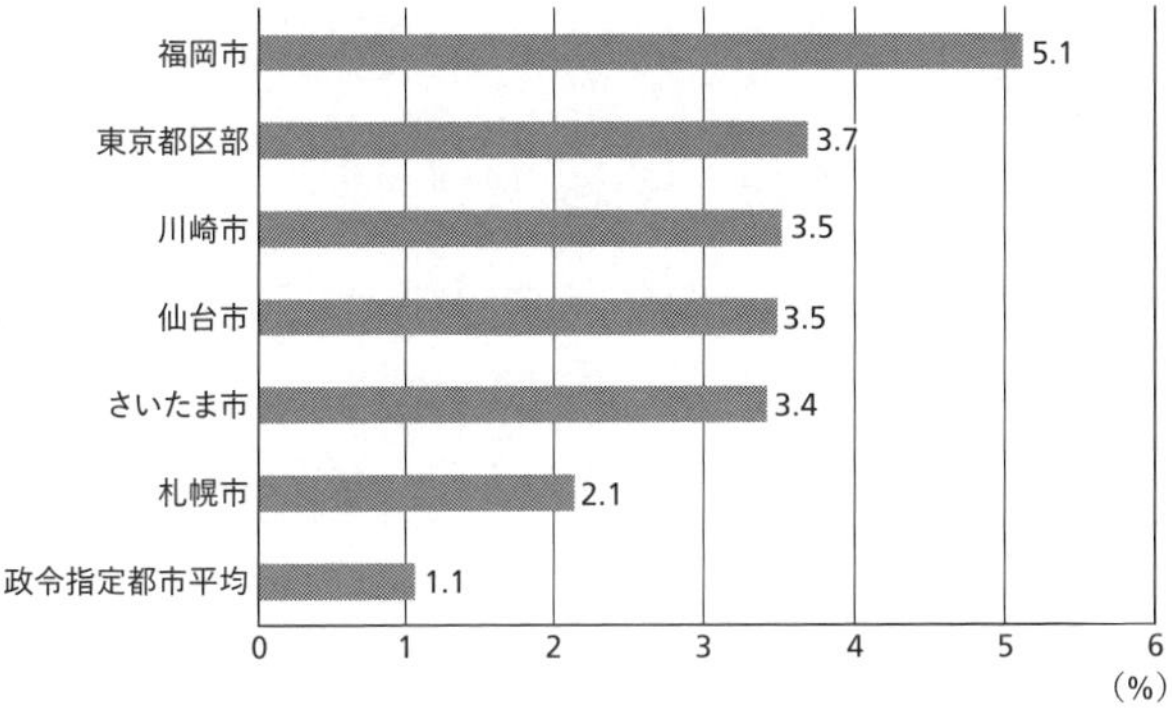

図表3　人口増加率で福岡市は日本一
2010〜15年の増加率、2015年国勢調査より

関西圏、海外からの入社組が多いことがわかったのだ。

ＬＩＮＥ福岡のウェブサイトに内訳が出ている。それによると、二〇一七年七月時点で全社員（九〇〇人弱）のうち一六％が「Ｉターン（福岡県外出身で、入社するまでは他県・海外に在住）」、一〇％が「グローバルＩターン（海外出身で、入社するまでは他県・海外に在住）」、八％が「Ｕターン（福岡県出身で、入社するまでは他県・海外に在住）」だ。

この面では福岡市もおもしろい取り組みをおこなっている。クリエイティブな人たちの福岡移住や就職をサポートする「福岡クリエイティブキャンプ（ＦＣＣ）」だ。二〇一四年の発足から二〇一八年三月までにＦＣＣを通じて八〇人以上が福岡へ移住している。市内のクリエイティブ系企業へ就職できた場合には一時は四〇万円の応援金も出た。

ＦＣＣの応援金を得て福岡移住した一人がＣＧ（コンピューターグラフィックス）デザイナーの河原正明《ごうばらまさあき》だ。二〇一七年一〇月に福岡市のニュースサイト「＃ＦＵＫＵＯＫＡ」のインタビューに応じて「移住して一年一〇カ月が経ちましたが、今でもとても満足していますね。もともと住み慣れた土地で、移住前から生活が想像できていたので、その通りになったという感覚です」と語っている。

若者を中心に人口が増え続ける福岡市には活気がある。いっぽうで、中国などの台頭によって競争力を失った製造業に依存する都市はどうなっているだろうか。再び国勢調査を見てみよう。調査対象期間の五年間で大きな人口減に見舞われたのは長崎市と北九州市であり、両市とも製造業への依存度が高いことで知られている。

地元愛で圧倒的ナンバーワン

リバブルであれば地元に愛着や誇りを持ち、離れたくなくなる。私自身も「一生、福岡で暮らしてもいい」と思ったし、個人的に知っている転勤族の多くも「定年退職したら福岡に住みたいな」と言っていた。

地元愛はどの地域にもある。基本的に住めば都なのである。ただ、程度の差はあるだろう。

ここにおもしろい調査がある。ずばり「市民のプライド・ランキング」で、地元に対する愛着や誇り、知人・友人へのお勧め度合いを数値化している。ここで福岡は主要都市のなかで圧倒的なナンバーワンになった。

調査を実施したのは、メガバンクの三菱《みつびし》ＵＦＪフィナンシャル・グループのシンクタンク「三菱ＵＦＪリサーチ＆コンサルティング」。二〇一七年に二一大都市を対象におこない、各都市二〇〇人から回答を得ている。

それによると、「現在お住まいの都市に愛着や誇りを感じますか」という設問では、「愛着」「誇り」の両方で福岡はトップだ。第二位と第三位は「愛着」で札幌《さっぽろ》と京都、「誇り」で京都と神戸が登場した。最下位は「愛着」「誇り」のいずれでも相模原《さがみはら》だった。

もうひとつの「現在お住まいの都市について、友人・知人に勧められますか」という設問でも福岡はほとんど上位を独占。「全体的によいまちであること」「住むこと」「働くこと」「子育てすること」「多様性があること」など一〇項目のうち、じつに九項目で第一位だ。

福岡が唯一、第一位とならなかったのは「買い物・遊びなどで訪れること」。ここでは第二位に甘んじ、代わりに首位に登場したのは札幌。札幌は残り九項目のうち八項目で第二位に位置している。

私自身は福岡で子育てに深くかかわっていただけに、個人的にひとつ選ぶとすれば「子育てすること」を挙げたい。東京時代と比べて格段にストレスが少なかったのだ（カリフォルニア移住前には東京に住み、長女と長男を地元保育園へ通わせていた）。

東京時代の子育てには苦い思い出が多い。たとえば、子ども連れで遊園地やプール、公園に遊びに行くといつも大混雑。駐車スペースを見つけられずに右往左往したり、どこに行っても長蛇の列に遭遇して閉口したりした。結局、待ち時間ばかりで大して遊べないまま終わることも多かった。

ベビーカーを押しながら電車に乗ったり買い物に行ったりするのもストレスだった。最悪だったのはデパートのエレベーターだ。「ベビーカー優先」と書いてあるというのに、いつまで待っても乗れないのだ。次のエレベーターを待っても満員状態、その次のエレベーターを待っても満員状態で、誰も降りてくれない――こんな具合だった。

福岡は都会でありながらも東京ほど混んでいない。近くの遊園地では子どもといっしょに目いっぱい遊べた。週末であっても駐車スペースで苦労しなかったし、あまり並ばずに乗り物に乗れた。私も子どももストレスがないからつねに笑顔。「もう東京は嫌だな」とつくづく思ったものだ。

いちばん大きかったのは保育園かもしれない。妻はフルタイムで私はフリーランスであるのに加え、次女は年中組で地元保育園へ転園しなければならなかった。こんな条件では東京では入園は絶望的だろう。幸いなことに、福岡では第一希望にすんなり入園できたのである。

福岡市も数字の上で深刻な待機児童問題を抱えている。だが、子どもを通じて知り合いになった母親を見て、「東京の待機児童問題とはちょっと違うんじゃないのか」と感じた。多くがパートタイム勤務の母親だったのである。東京では夫婦どちらもフルタイム勤務の共働き世帯にとっても保育園のハードルは高い。

通勤も通学も世界一便利なコンパクトシティ

福岡市がリバブルな都市であることを裏づけるデータはいくらでもある。個人的にとくに注目したいのはコンパクトシティという点だ。福岡に三年間住んで身をもってコンパクトシティのよさを知ったからだ。リバブルとコンパクトシティは密接に関係している。

ここに「コンパクトシティ福岡」を浮き彫りにした分析がある。東京と福岡の中心部を比べるとほぼ同じ面積・人口となるにもかかわらず、働く人の数で大差が出るというのだ。

具体的に見てみよう。東京のＪＲ山手線《やまのて》に囲まれた「山手線内エリア」は六三平方キロで、福岡市の都市高速道路環状線に囲まれた「都市高環状内エリア」の六七平方キロとほぼ同じ規模だ。人口は前者で九五万人、後者で八六万人であり、やはり大差ない。

ところが、エリア内で働く人の数で東京は福岡を圧倒している。山手線内エリアの従業員数は二九〇万人に迫っており、都市高環状内エリア（六〇万人）の五倍近くにもなる。

ここから何が言えるのか。この分析をまとめた福岡アジア都市研究所の研究主査、畠山《はたけやま》尚久《なおひさ》は「福岡では生活圏と仕事圏が一致しているということ。福岡では周辺が山に囲まれているけれども、都心部がちょうどうまい具合に平野になっており、職住接近が実現しやすい」と解説する。

コンパクトであるからこそ通勤・通学時間も短くなる。東京のサラリーマンを苦しめる通勤地獄とは無縁なのである。

日本の三大都市圏と比べてみよう。総務省「社会生活基本調査（二〇一六年）」のデータを使って福岡市が計算したところ、通勤・通学時間（平日の片道換算）は福岡・北九州大都市圏で三八分だ。関東大都市圏の五一分、近畿大都市圏の四三分、中京大都市圏の四〇分を下回る。「通勤や移動の距離が短いと、人が創造的な活動に費やす時間的余裕に大きな差が生まれる」（畠山）

世界的にも福岡は通勤・通学の利便性でトップクラスであるようだ。森記念財団の都市戦略研究所がまとめた「世界の都市総合力ランキング（GPCI）」二〇一六年版によると、福岡は「通勤・通学の利便性」の項目で世界四二都市のなかでシンガポールを抑えて首位になっている。

国際空港から都心部までのアクセスのよさも注目点だ。同じGPCI二〇一六年版によると、アクセス時間で福岡は一一分であり、スイスのチューリヒ（一〇分）に次いで世界第四位。アジア一三都市のなかでは首位である。

福岡に在住していたとき、私自身も「空港の利便性を考えれば東京に住まなくてもやっていける」と感じたものだ。当時は仕事で頻繁に東京へ出張しなければならなかったけれども、最寄り駅から福岡空港までノンストップで運行される路線バスを使えた。所要時間は二〇分余りだった。

海外出張時にはとくに便利に感じた。二〇一四年にホノルルを訪ねた際には「こんなに楽な海外出張は生まれて初めて」とつくづく思った。便利な福岡空港からホノルル行きの直行便に乗れたからだ。東京に住んでいると遠く離れた成田《なりた》空港を使わなければならず、新宿《しんじゅく》駅からでも一時間二〇分前後もかかって大変なのである。

食料物価は主要都市のなかでいちばん安い

コンパクトシティと並んで物価水準もリバブルに大きく影響する。ここでも福岡市は先頭を走っている。

まずは個人的な体験談をひとつ。私は近所のジムで汗を流したあとに行きつけのすし屋に足を運んでランチを食べるのを日課にしていた。よく注文したのが「海鮮ちらし丼」。何と「ワンコインランチ」、つまり五〇〇円で食べられるランチだった。

福岡に住んでいるとワンコインランチに驚かなくなる。それには数字の裏づけがある。総務省の「消費者物価地域差指数（二〇一六年）」によると、食料物価の安さで福岡は主要都市のなかで日本一なのである。

2017年			
福岡市	23.3	さいたま市	25.9
熊本市	23.8	名古屋市	26.3
堺市	24.1	北九州市	26.7
札幌市	24.3	千葉市	26.9
岡山市	24.5	静岡市	27.0
浜松市	24.9	相模原市	27.4
新潟市	24.9	川崎市	27.7
仙台市	25.5	大阪市	28.6
広島市	25.6	京都市	30.2
横浜市	25.7	神戸市	30.3
東京都区部	25.9		

（%）

図表4　エンゲル係数の大都市比較（政令指定都市+東京23区）
2人以上の世帯、2017年総務省家計調査より

具体的には、五二都市の平均を一〇〇とすると、二一大都市のなかで福岡は九六・二で一位。続いて仙台（九七・四）、北九州（九七・八）、浜松《はままつ》（九八・四）、名古屋（九八・九）の順になる。

それを反映して、エンゲル係数の低さで福岡は二一大都市のなかでトップだ。総務省の「家計調査（二〇一七年）」によると、二人以上の世帯で見たエンゲル係数は福岡で二三・三％だ。エンゲル係数の高さで上位にある神戸（三〇・三％）や京都（三〇・二％）を大幅に下回っている。

エンゲル係数は家計の消費支出に占める飲食費の割合で、数値が低いほど生活水準が高いと言われている。エンゲル係数を基準にすると、大都市のなかでは福岡の生活水準は日本最高レベルにある。

食生活について言えば「安い」だけでなく「おいしい」という点も忘れてはならない。福岡は海も山も近く、新鮮な食材が多いと言われている。個人的に近所のスーパーで買った刺身を口にして、「スーパーで買ったのにこんなにおいしいなんて、東京ではありえない」などと妻といっしょに感激したものだ。

たとえば一九五五年に博多港で開場された鮮魚市場。全国有数の産地であると同時に一大消費地である福岡都市圏の目の前にある。「福岡市中央卸売市場年報」によると、福岡の漁港取扱金額は二〇一六年に四五七億円を記録し、四年連続で日本一だ（第二位は静岡県焼津《やいづ》市、第三位は長崎市）。

アメリカ人小説家「福岡で食事するのは神聖」

「おいしい」は客観的に評価しにくい部分であり、福岡以外の地方都市からは「安くておいしい食材は福岡の専売特許じゃない」と指摘されるかもしれない。だが、世界的に注目される気鋭の小説家の言葉であれば重みが出てくる。

誰なのか。『オスカー・ワオの短く凄まじい人生』（邦訳版は新潮社刊）で知られ、ピュリッツァー賞や全米批評家協会賞の受賞歴があるアメリカ人小説家のジュノ・ディアズである。

一九九〇年代に福岡へ旅行し、博多ラーメンに魅せられたディアズ。二〇一四年に米旅行専門誌「コンデナスト・トラベラー（condé Nast Traveler）」へ長文のエッセイを寄稿し、「偉大なるフードシティ（食の都市）」である福岡への思いをつづっている（引用者訳）。

もしこの世に食の神様が存在して、日本に光を当てているとしたら、どこがいちばん輝いているだろうか。福岡に違いない。福岡で食事するのは神聖なこと。われわれグルメな旅行者はみんなそう思っている。

補足しておくと、コンデナスト・トラベラーは世界で最も権威ある旅行誌のひとつであり、出版不況のなかで八〇万部以上の発行部数を誇る。

ディアズのエッセイが影響したのだろうか、翌年に米ユナイテッド航空の機内誌「ヘミスフィアズ（Hemispheres）」は「次世代を担う世界八大都市」を特集し、そのなかのひとつに福岡を入れた。オランダのロッテルダムが「建築シーン」、イスラエルのテルアビブが「ハイテク拠点」ならば、福岡は「グルメの聖地」だというのだ。

「安くておいしい」食生活がリバブルに直結するように、「安くて広い」住居もリバブルに直結する。ここでも福岡は健闘している。

私は福岡の賃貸マンションで月二〇万円の家賃を払っていたが、事務所も兼ねて広さを重視したためだ。相場は東京の半値である。総務省の「小売物価統計調査（二〇一六年）」によれば、ファミリー向け七五平方メートルの物件は平均九万五〇〇〇円。道府県庁がある政令指定都市のなかでは三番目に安く、東京都区部（一九万六〇〇〇円）の半分以下だ。

新宮町は究極のコンパクトシティ

「また新宮の新築マンション分譲のチラシが入っているよ。ほら、この広さでこの価格」

「へえー、いつもながらすごいね」――。私は福岡市民として過ごした三年間、週末の朝方になると夫婦間でこんな会話を交わしたものだ。

当時、私が住んでいた東区と隣接する福岡県糟屋《かすや》郡新宮町《しんぐうまち》では大規模な新築マンションが続々と誕生していた。週末になると郵便ポストには新聞とともに決まって大量のチラシが入っていたのだ。ファミリー向け物件で二〇〇〇万円前後はザラにあり、「即完売」も多かった。

新宮で販売になる分譲マンションの価格はもちろん、賃貸マンションの家賃も東区よりも明らかに安かった。それでありながら福岡都市圏にある。新宮の中心部にあるＪＲ鹿児島本線・新宮中央駅から博多駅までは電車で一本、所要時間は二〇分だ（東京で言えば中野《なかの》駅から東京駅までが電車一本でちょうど二〇分）。

福岡市が勝ち組のコンパクトシティであり、人口を増やしているとしたら、新宮町は究極のコンパクトシティであり、福岡市を上回るペースで人口を増やしている。

二〇一五年一〇月一日現在の国勢調査によると、新宮町の人口は三万三四四人。五年前と比べて二三％も増え、増加率で全国市町村のトップになっている。三〇代前半から四〇代にかけての子育て世代の転入が多く、全体の人口増に寄与した。

町の中心部にあるのが二〇一〇年に完成した新駅・新宮中央駅だ。駅舎は屋上が緑化され、洗練されたデザインだ。ここの展望デッキから周辺を見渡すと、街全体がコンパクトであることが肌感覚でわかる。

駅から歩いて一〇分前後の距離には、高層マンションがいくつも建ち並んでいるほか、保育園六園、幼稚園二園、小学校三校、中学校一校、県立高校一校がある。中学校についてはもう一校の新設が決まっている。子育てにもってこいの環境だ。

同じ一〇分圏内にスーパー、銀行、医療機関などはもちろん、町役場、福祉センター、交番、消防署、文化センターなどの公共施設もそろっている。だからといって東京都心部のようにごみごみしていない。駅前ロータリーから沖田中央《おきたちゅうおう》公園がまっすぐに伸びており、広々とした空間をつくり出している。

二〇一七年暮れ、新宮に転入してきた子育て世代をつかまえて話を聞いてみた。新宮中央駅から降りてきた三〇代半ばの主婦は、駅前のマンションに二年前に引っ越してきたばかり。幼児を抱っこしながら「徒歩でたいていの用事は済ませられるし、電車も高速道路も利用しやすい。何よりも子育てしやすい。上の子は同じマンションのお友だちといっしょに同じ小学校へ通っているんです。これから楽しくなりそう」と語ってくれた。

イケア誘致成功で人口増加率日本一に

新宮最大のセールスポイントは、二〇一二年に誘致に成功したスウェーデンの家具量販店イケアだ。イケアにとっての九州一号店で、沖田中央公園のすぐ横に位置する。駅前にあるだけに巨大さが際立つ。敷地面積は六万二〇〇〇平方メートル以上で、東京ドームの一・三個分に相当する。

新宮中央駅の駅前広場とイケア福岡新宮

私にとっては新宮と言えばイケアだった。たしかに新宮の新築マンションのチラシはよく目にしていたが、他人事《ひとごと》だった。だが、イケアはまさに自分事。引っ越し直後から毎週のように新宮まで車を走らせ、イケアを訪れていたのである。自宅から車で二〇分の距離にあり、気軽に行けた。

カリフォルニアに住んでいたときにイケアを愛用し、家の中の家具の大半をイケア製にしていただけに、家族のみんながイケアに思い入れを持っていた。広大な店舗内を歩くのは楽しかったし、店舗内レストランの定番メニュー「スウェーデンミートボール」もおいしかった。

いま思い返せば、イケアは引っ越しの一年前にオープンしたばかりでラッキーだった。ベッド、本棚、仕事机、洋服ダンス、ブラインド、カーテン――。結果として、カリフォルニア時代と同様に自宅の中は家具のほとんどがイケア製になった。

私にしてみれば「新宮＝イケア」だったから、イケアがなければ新宮へ行かなかった。私と同じように「イケアがなければ新宮に行かない」と言う人は大勢いるだろう。逆に言えば、イケアは福岡都市圏ばかりか九州全域から人を引き寄せる磁石になったのである。

イケアが新宮に強烈なインパクトをもたらしたのは想像に難くない。人口二万五〇〇〇人程度にすぎなかった町に世界的なブランドであるイケアが進出し、町の知名度が一気に上昇したのである。イケア進出から三年後の二〇一五年には新宮の人口は早くも三万人を突破し、全国市町村の人口増加率ランキングで日本一に躍り出た。

イケアの登場をきっかけにイケア以外の人気チェーン店も競うように新宮へ進出している。九州全域からやってくる顧客の取り込みを狙ったのである。同業種ではニトリやサコダが進出したほか、コーヒーのスターバックスや衣料品のユニクロ、スポーツ用品店のヒマラヤ、ホームセンターのカインズも出店。街全体の景観は一変し、ショッピングモールが建ち並ぶアメリカ郊外のような雰囲気を醸し出している。

「狭間」と言われた街がなぜイケアに選ばれたのか

そもそも新宮町はどのようにしてイケア誘致に成功したのか。正確に言うと、新宮はイケアに的を絞って誘致活動をしていたわけではない。新宮がイケアを選んだのではなく、イケアが新宮を選んだのである。

イケアに選んでもらうためには魅力的な条件がそろっていなければならない。そこにはいわば「街おこしのイノベーション」があった。

もともと新宮は戦後に工場地帯として開発され、町の地理的中心部は開発から取り残された農地として存在していた。本来ならば地理的中心部は街全体の核を担うべきなのに、既存市街地から離れた「狭間《はざま》」と言われていた。一九九〇年代後半になって街の活性化に向けた取り組みが動き出した。

ポイントは大きく三つあった。①下水処理場を整備する、②JR新駅を設置する、③大型商業施設を誘致する——である。最大のハードルは下水処理場だった。誰もが下水処理場の必要性を認識していながらも、どこに建設するかで合意にいたらず、前へ進めなかった。どの地区も「下水処理場＝迷惑施設」と思い込み、押し付け合いになっていた。

通常、下水処理場は市街地の端っこに位置する。マンションの住民は「汚泥や排水で匂う」と言うかもしれないし、レストランやデパートの経営者は「客足に影響が出る」と言うかもしれないためだ。人が最も集まる駅前は論外であり、「駅前に下水処理場」という発想にはなかなかならない。

だが、新宮町は「駅前に下水処理場」という方向へ進んだ。逆転の発想である。「住宅が売れなくなる」「商業施設がこなくなる」など否定的な意見ばかり聞かされていたものの、「駅前に下水処理場」で合意を取りつけて二〇〇一年に「都市計画マスタープラン」を策定した。

新宮町役場内で当初から「都市計画マスタープラン」にかかわり、現在は副町長の福田《ふくだ》猛《たけし》は「下水処理場は迷惑施設の最たるものと思われていました。ごみの焼却所と同じで本来は駅前につくるものじゃない、という考えです。当初は反対論ばかりでした。けれども、下水処理場が決まらないと何も始まらないわけです」と振り返る。

そこで識者の意見を入れてたどり着いたのが「下水処理場＝環境との共生」という構想である。下水処理場「中央浄化センター」を地下に埋設し、地上に緑豊かな公園を整備するというのだ。駅前には駅前広場と一体化した公園が出現し、広大なオープンスペースを生み出す格好になる。

二〇一〇年には待望の新宮中央駅が開業すると同時に浄化センターが完成。駅前ロータリーから伸びる沖田中央公園には多様な樹木が植えられた。浄化センターでオゾン処理された水は公園のせせらぎ水路や近隣施設のトイレで再利用されるようになった。

福田は「水は高度処理しているから匂わないですよ。公園では子どもたちが水遊びしていますが、体に触れても大丈夫。最初は信じられなかったですけれども」と話す。

リーマンショックも乗り越えた「新宮方式」

大型商業施設の誘致も順調に進んでいた。二〇〇四年にイオングループが事業認可の申請をおこない、ショッピングモールの建設に向けて地権者とのあいだで仮契約を結んでいた。新宮中央駅はイオンのショッピングモールと立体歩道橋でつながる予定であったことから、立体歩道橋を想定した設計で駅舎の工事に入ったほどだ。

ところが、新宮は二〇〇八年九月になって想定外のハプニングに見舞われた。米大手投資銀行リーマン・ブラザーズが経営破たんしたのである。リーマン破たんはアメリカを震源地にした世界的な金融危機へ発展し、日本を含めて世界は瞬く間に悲観論一色になった。

いわゆる「リーマンショック」であり、イオンが動揺したのもうなずける。数カ月後の二〇〇八年一一月には早くも出店延期を地権者側に伝えた。

町役場の福田は困り切ってしまった。イオン側とは再三にわたって協議し、「いまさら困ります」とくり返し再考を促したものの、らちが明かなかった。最終的にイオンは「テナントの確保など安定した運営が難しい」との判断に傾き、翌年の二〇〇九年一月に出店を断念した。

新宮ではイオンの出店を見込んですべてが動き出していただけに、出店断念の影響は大きかった。マンションの建設計画はいっせいにストップ。新宮生まれで新宮育ちの福田は当時を思い出して「一瞬ですべてが浮いた状態になりました。茫然《ぼうぜん》としてしまいましたね」と語る。

イオンの出店断念から半年後に再び状況は一変した。イケアが福岡都市圏に新規出店する計画で、候補地のひとつに新宮も含まれているとのニュースが飛び込んできたのだ。それを受け、新宮側もイケアに対して積極的にPR活動を展開した。

結局、イオンに代わってイケアが進出を決めた。九州各地に出店しているイオンと違い、イケアにとって九州出店は初めて。しかもイケアは世界的なブランドであり、九州全域からの集客を見込める。災い転じて福となす、と言うべきかもしれない。

イケアはなぜ新宮を選んだのか。イケア・ジャパンは「福岡を九州の主要なマーケットと位置づけ、ストアの開店に向けて用地を選定してきました。新宮は新駅の駅前ということで、公共交通機関、福岡市内からの車でのアクセスもよく、利便性が魅力でした」と説明する。

たしかに立地条件は抜群だ。イケアは駅前にあるばかりか、九州を南北に縦貫する幹線道路の国道三号線沿いにある。九州自動車道や都市高速といった高速道路にも近い。

だが、それだけではない。いかに交通の便がよくても、新宮の地理的中心部が「狭間」だったらどうなっていただろうか。開発から取り残され、下水処理場も整備されていなかったら、イケアは魅力を感じなかったのではないか。

イケアは進出地に求める条件として「子育てしやすい」や「環境に優しい」も挙げている。この点で新宮は合格だ。だから子育て世代が続々と新宮へ転入しているのである。

このような環境をつくる起点になったのが、駅前で下水処理場と公園を一体的に整備する「新宮方式」だ。これによって町の地理的中心部は「みんなが嫌がる迷惑施設」ではなく「みんなが集まる憩いの場」になった。最終的にはイケア誘致にもつながって「街おこしのイノベーション」が実現したのである。

ちなみにイケアのトイレでは、目の前の公園の下にある下水処理場で処理された水が再利用されている。

第三章　起業家がすごい――日本のシリコンバレー

東京は「日本のシリコンバレー」にはなれない

アメリカ東海岸のニューヨークはウォール街を有し、「世界の金融首都」として知られている。だが、そこにはシリコンアレーもある。マンハッタン地区を中心にＩＴ産業が集積する地帯である。

とはいっても、規模でも知名度でも西海岸のシリコンバレーにはかなわない。「世界で最も価値ある企業」上位五社のうち三社（アップル、アルファベット、フェイスブック）はシリコンバレー企業である。残り二社（マイクロソフト、アマゾン・ドット・コム）も西海岸企業だ。

日本ではＩＴ産業集積地として東京は断トツだ。一極集中が象徴するように、ＩＴ関連でもヒト、モノ、カネの面でほかの都市を寄せつけない。かつては渋谷《しぶや》区の「ビットバレー」が脚光を浴びたし、最近では東京大学発スタートアップを生み出す「本郷《ほんごう》バレー」が話題になっている。

ならば東京が「日本のシリコンバレー」になれるだろうか？

第一章でも触れたように、本家シリコンバレーは「東海岸エスタブリッシュメント」に対するアンチテーゼとして生まれた。その意味では東海岸エスタブリッシュメントの

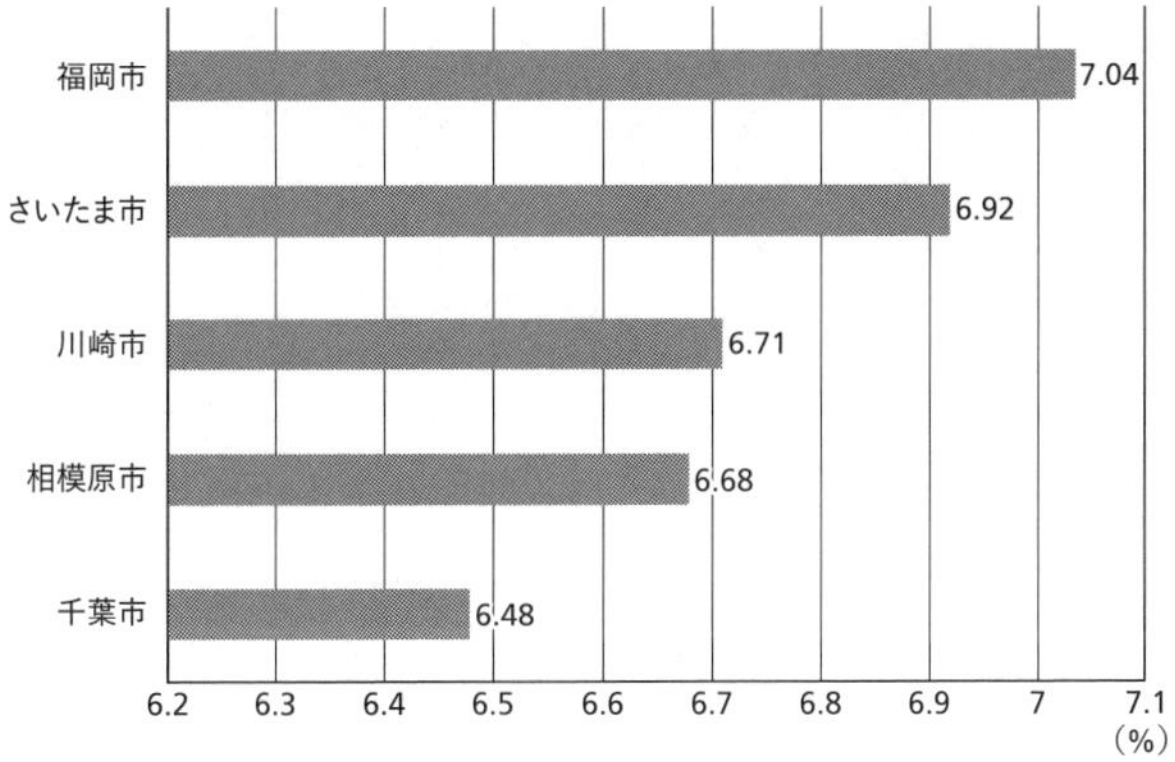

図表5　福岡市は3年連続で開業率日本一
2015年度、21大都市(政令都市と東京都区部)、福岡アジア都市研究所より

ニューヨークはシリコンバレーのような役割を本来的に担えない。

東京はニューヨーク以上にエスタブリッシュメントである。政治首都機能を持たないニューヨークと違い、大企業の本社が集中する丸《まる》の内《うち》に加えて、官庁街である霞《かすみ》が関《せき》も、政治の中心である永《なが》田《た》町《ちょう》も抱えている。

だとすると、スタートアップにとってベストな環境とは言えないかもしれない。官僚や政治家に頼って既存秩序を守るのが伝統的な大企業であり、それと対極に位置するのがスタートアップだ。

昔のシリコンバレーのように、一流大学は存在するけれども、住みやすくて牧歌的な地方都市はどこか。候補地のひとつが福岡市である。

旧帝国大学のひとつである九州大学を看板大学としており、リバブル（住みやすい）な点で高い評価を得ている。

起業の多さでは福岡はすでに主要都市のなかで先頭グループを走っている。開業率（前年の全企業数に占める新規開業企業数の割合）で見ると、三年連続で日本一になっているのだ。

具体的に見てみよう。福岡アジア都市研究所が各都道府県労働力のデータを使って開業率を算出したところ、福岡は二〇一五年度で七・〇四％となり、二一大都市中（政令指定都市と東京都区部）のなかでは三年連続でトップ。第二位はさいたま（六・九二％）、第三位は川崎《かわさき》（六・七一％）だ。

孫正義とホリエモンを輩出する条件

しかも、福岡はすでに二人の著名起業家を輩出している。ソフトバンクグループ創業者の孫正義と「ホリエモン」こと堀江貴文だ。厳密に言うと孫は佐賀県鳥栖《とす》市生まれ、堀江は福岡県八女《やめ》市生まれではあるが、二人とも福岡と縁が深く「福岡出身の起業家」と見なされることが多い。

孫はいまや日本ばかりか世界で名を知られ、多くの若者の目標になっている。米フォーブス誌の二〇一七年版長者番付では、個人資産二兆円を超えて日本一だ。いっぽう、堀江はライブドアを創業して一世を風靡《ふうび》した起業家。ライブドア事件による逮捕・起訴で失速しながらも宇宙ロケット事業を始めるなどで復活、いまでも若者のあいだで人気だ。

「福岡出身の起業家」とはいっても、孫も堀江も福岡を拠点にして成功したわけではない。孫は一九八〇年にユニソン・ワールド（後のソフトバンク）こそ福岡市内で創業したとはいえ、翌年に日本ソフトバンクを東京に設立している。その後の活動舞台はずっと東京だ。堀江は起業家としては最初から東京だ。そもそも若いころは東京へ脱出したくて仕方なく、福岡にとどまるのは論外だったようだ。次は、自伝的な著書『ゼロ　なにもない自分に小さなイチを足していく』（ダイヤモンド社刊）からの引用だ。

僕が掲げていた最大の目標、それは「ここ」から脱出することだった。それが九州なのか、福岡なのか、八女なのか、あるいは堀江家なのかよくわからない。とにかく、もう「ここ」での生活には、うんざりしきっていた。

シリコンバレーの起業家は違う。いったんシリコンバレーで成功したらシリコンバレーから生涯離れないケースが多い。世界最大のＩＴ企業であるアップルも一九七六年にシリコンバレーで誕生し、いまもシリコンバレーを本拠地にしているのである。

だからといって「孫も堀江も福岡で活動すべきだった」と言っているのではない。シリコンバレーと福岡とでは時代背景もまったく異なり、同列では語れない。

そもそもシリコンバレーで起業家モデルが誕生したのは、じつに半世紀も昔の話だ。一九六八年に「ベンチャーキャピタリスト（ベンチャー企業の株式に投資をし、さらにビジネスパートナーとして会社の利益を最大化させる人）第一号」のアーサー・ロックが半導体メーカーのインテルに創業資金を提供し、「起業家は偶然の産物ではなく育成可能である」ということを初めて実証したのである。

余談になるが、私は一九九〇年代後半のニューヨーク駐在時代に記者として起業家モデル誕生物語に興味を持ち、ロックに取材したことがある。最も印象に残っている言葉は「スタートアップにとってストックオプション（株式購入権）は成長エンジン」だ。当時の日本では「スタートアップ＝ストックオプション」という発想さえなかった。

時代背景が違うというならばどうしたらいいのか。福岡にはリバブルな環境と一流の大学があって開業率が高いのだから条件はそろっている。あとは環境整備してポテンシャルを引き出せばいいのだ。そうすれば福岡で大成功して福岡から生涯離れない「福岡出身の起業家」がどんどん増え、福岡が新たなＩＴ産業集積地になる道が開けてくる。

その意味で孫と堀江は「シンボリックな意味で存在価値は大きい」（福岡出身の若手経営者）。二人が「福岡出身の起業家」として語られるだけで意味があるということだ。堀江も若いころこそ福岡脱出を望んでいたが、いまでは福岡のポテンシャルについてあちこちで発信している。

日本一、産業の伸びしろが大きい福岡

ポテンシャルという点では興味深いランキングがある。野村総合研究所（ＮＲＩ）が二〇一七年七月に発表した「成長可能性都市ランキング」だ。地方都市が大都市に依存せずに自律して世界と結びつき、外貨を獲得する「ローカルハブ」になれるかどうか、という視点で国内一〇〇都市を評価しているのが特徴だ。

ランキングは大きくふたつある。ひとつは総合ランキングで、第一位は順当に東京となっている。第二位以下は福岡、京都、大阪と続いた。もうひとつはずばりポテンシャルランキング。こちらは伸びしろに注目しており、第一位に福岡が登場。続いて鹿児島、つ

くば、松山《まつやま》の順だ。

評価項目は①多様性を受け入れる風土、②創業・イノベーションを促す取り組み、③多様な産業が根づく基盤、④人材の充実・多様性、⑤都市の暮らしやすさ、⑥都市の魅力——の六つだ。福岡は「創業・イノベーションを促す取り組み」や「都市の魅力」で高い評価を得ている。

福岡がポテンシャルランキング第一位である理由について、NRIは次のように説明している。

ビジネス環境は整っているが独自の産業が少なく、産業の伸びしろが大きい。住民は多様性に対する寛容度が非常に高く、異質なものを受け入れ、新しいことに挑戦する気質を持っている。イノベーションが起こりやすい風土があり将来の産業を担う企業も登場する可能性がある。一層の起業支援や産業育成が期待される。

さらに、考察とまとめでも改めて福岡に言及している。

ローカルハブになる可能性を秘めた〝成長可能性都市〟は、福岡市、鹿児島市、つくば市、松山市、久留米市など。福岡市は、産業創発力を構成するすべての要素をバランスよく満たしている。これまでは産業集積が乏しい支店経済のまちであったが、全国最高評価の「都市の魅力」をはじめ、持てる強みを活かしてビジネスを創出し、東京・大阪・名古屋に次ぐ第4の都市圏として成長していくことが期待される。

要は、福岡はＩＴ産業を核にしたローカルハブになるポテンシャルを秘めているということだろう。イノベーションの面でも都市の魅力の面でもリードしているのだから。東京が「日本のシリコンバレー」になれないのなら、福岡が絶好のポジションにある。

じつは博多弁だった「ようかい体操第一」

二〇一三年春から福岡に実際に住むようになって、私は身をもってポテンシャルを感じたことがある。同年夏に携帯型ゲーム機「ニンテンドー３ＤＳ」向けに発売されたソフト

「妖怪ウォッチ」の成功を目の当たりにしたからである。「妖怪ウォッチ」は瞬く間に子どもたちのあいだで人気になったヒット商品だ。

私の子どもたちも「妖怪ウォッチ」にはまっていたので、「妖怪ウォッチ」ブームにはすぐに気づいた。当初気づかなかったのは、開発元が福岡のゲーム製作会社レベルファイブだということだった。

翌年にはテレビアニメ「妖怪ウォッチ」が始まり、エンディングテーマで流れる「ようかい体操第一」が人気になった。家の中でも街中でもあちこちで聞かされて、いつのまにか覚えてしまった。

ところが、私は博多弁に疎いことから歌詞については意味不明だった。博多弁だとも認識していなかった。出だしの「よ〜でる　よ〜でる　よ〜でる　よ〜でる　ようかいでるけん　でられんけん」を聞いて連想したのがテレビアニメ「アルプスの少女ハイジ」だった。「アルプスの民謡ヨーデルと関係しているのかな」と真面目に思ったのだ。

あとになって「体操第一」は博多弁で歌われていると知らされ、歌詞についてはネット上を調べて「よく出る　よく出る　よく出る　よく出る　妖怪出るから　出られない」と〝翻訳〟できた。二重に感動した。最初に「そういう意味だったんだ！」と感動し、次に

「全国ヒットしている歌が博多弁だったんだ!」と感動したのである。

そんなことから、福岡生まれの友人に会うたびに「妖怪ウォッチの歌は博多弁なんですよね」と嬉々《きき》として話題にしたものだ。すると、「え? あれは博多弁だったの? 普通に聞こえていたから博多弁だと意識していなかった」と反応されたこともあった。

ゲームやアニメ、おもちゃなどを使ったクロスメディア戦略を使い、全国的ヒットを生み出すレベルファイブ。そんな会社が福岡に本社を置いているとわかり、なぜなのか、にわかに興味が湧いてきたものだ。

ソニーや任天堂《にんてんどう》などゲーム業界の大企業が東京に集中しているなかで、なぜレベルファイブは福岡に拠点を置き続けるのか。

社長の日野晃博は二〇一五年五月に福岡市のニュースサイト「#FUKUOKA」のインタビューに応じ、「福岡に固執しているわけではない」としたうえで、「空港へのアクセスの良さや市内のインフラ面を考えると、東京よりも便利な点はたくさんあります。そう考えると、居心地の良い福岡で仕事をして、生活をすること自体、僕の中ではもはや当たり前なことですし、他所に出ていく必要もないと思っています」と語っている。

すでに述べたように、対話アプリ大手のLINEも二〇一三年に国内第二の拠点

「LINE福岡」を設け、人員を大幅に増やしている。東日本大震災を受けて一極集中のリスクは高いと考え、東京と福岡の国内二極体制へ移行したのだ。

今後「第二のレベルファイブ」「第二のLINE福岡」を生み出していくためには、福岡のポテンシャルを最大に引き出して「日本のシリコンバレー」に向けて着実に進んでいく——これしかないだろう。すでに種はまかれている。二〇一〇年に九大で生まれた「QREC」だ。

「起業の街」の原点は、台湾人起業家

最初に妻から話を聞いたときにはピンとこなかった。

私は「QREC?　それ何?　ロバート・ファンの頭文字を取ってもQRECにならないよね?」と反応するだけで、ファンがどんな起業家で、なぜ九大に寄付したのか見当もつかなかった。「Q＝九大」とも認識していなかった。

二〇一三年春、妻は九大の起業家教育センター「ロバート・ファン／アントレプレナーシップ・センター（通称QREC）」所属の准教授に就任した。当時はQRECが「スタートアップ都市・福岡」の起点になるとはつゆほども思っていなかった。

ただし、不思議と「福岡＝アントレプレナーシップ（起業活動）」という図式に違和感はなかった。孫や堀江を生み出した土地柄ということを頭の片隅で認識していたからかもしれない。二人が「福岡出身の起業家」として語られる意味合いはやはり大きいのだ。

ファンは孫よりも一回り上の世代の起業家だ。第二次大戦末期の一九四五年に台湾で生まれ、一九八〇年にシリコンバレーでＩＴ専門商社のシネックスを創業。最終的に業界第三位の大企業にまで育て上げて大成功している。

なぜファンは九大に寄付したのか。一九六四年に入学した九大工学部でアイスホッケー部を創設するなどで充実した日々を送れたからだ。

アメリカでは大成功した起業家が母校に多額の寄付をするケースはいくらでもある。シリコンバレーのど真ん中にあり、ヒューレット・パッカード（ＨＰ）やヤフー、グーグルを生み出したスタンフォード大学が代表例だ。有力な起業家を輩出すれば大学は潤い、大学が潤えば世界中から優秀な人材が集まり、再び有力な起業家が生まれる――こんな循環がある。

二〇〇八年まで二八年間にわたってシネックス最高経営責任者（ＣＥＯ）を務めたファンは、シリコンバレーのダイナミズムを熟知している。ロチェスター大学で工学修士、マサチューセッツ工科大学（MIT）スローンスクールで経営学修士（MBA）を取得しており、アメリカの大学事情にも詳しい。

ちなみにMITスローンスクールは、米自動車王アルフレッド・スローンの寄付金によって一九三一年に誕生した名門ビジネススクールだ。彼は自動車最大手ゼネラル・モーターズ（GM）の創業者であり、歴史に残る起業家だ。MIT卒業生でもある。スローンスクールがファンをはじめ多数の起業家や経営者を輩出しているのは言うまでもない。

このような構図があるからこそ、ファンはみずから母校の九大にアプローチし、寄付を申し出たのだろう。九大が自分のような起業家を育てる役割を担ってほしいという思いを込めていたに違いない。

事実、ファンはジェトロ・アジア経済研究所とのインタビューのなかで自分の一生について振り返りつつ、日本発スタートアップの育成に向けて熱く語っている（彼は二〇一五年から二〇一七年にかけて合計七回にわたって同研究所とのインタビューに応じている）。

「日本ではスタートアップの力強い成長がみられません。その要因を『日本にはエコシステム（引用者注＝業界全体の収益構造）がないからだ』と説明する人が多いですね。それはもちろん正しいのですが、もっと突っ込んでその原因を考えると、先に話したような、日本社会の保守性に行き着くと思います。それを変えるには、時間がかかるけれども教育が重要です。私と九州大学の付き合いはこうして始まりました」

ファンは同じインタビューのなかで、最初に九大に寄付金を打診したのは二〇〇〇年前後であると明らかにしている。しかし、当時の日本では大学が個人から寄付金を受け入れる態勢が整えられておらず、断念した。代わりに、九大が新設したカリフォルニアオフィスに寄付し、九大生向けにシリコンバレー短期留学プログラムをスタートさせた。

QRECが誕生したのは二〇一〇年一二月。国立大学が独立行政法人化され、個人からの寄付金受け入れがクリアできたためだ。九大ではQRECによって起業家教育の態勢ができあがり、延べ六年間で三〇〇〇人以上の学生がQRECを受講するまでになったという。

もちろん教育に加えて実践も伴わなければならない。ファンは「MITとは違って、九大からはまだ学生のスタートアップが、新しい製品やサービスを市場に出すまでにはいたっていません。日本では親たちが子どもには大企業に就職したり公務員になったりしてほしいと思うようで、こういう社会の保守性も関係しているでしょうね」と語っている。

九大敷地内で「ガレージ創業」

ファンが最初に九大の門をたたいてから一六年後の二〇一六年、ようやく彼の思いが実現した。

ＱＲＥＣの支援を受けた学生が起業したのである。同年秋に九大四年生のローン・ジョシュアが日本風洞製作所、同じ四年生の西村直人《にしむらなおと》が糸島ジビエ研究所を相次ぎ創業した。前者は風力発電の効率化に向けた装置の開発・製造、後者はイノシシなど獣肉を有効活用した食材や製品販売を手がけている。

ローンは九大敷地内で文字どおり「ガレージ創業」している。入学早々から風力発電研究に取り組み、大きな装置を組み立てようと思い立った。場所を見つけられずに困っていたところ、ＱＲＥＣの取り計らいで九大箱崎キャンパス内の倉庫をまるごと使わせてもらえた。そこで二年半ほど作業し、現在の技術のもととなる風洞試験装置をつくったのである。

ニュージーランド人の父と日本人の母を持つローンはまさにＱＲＥＣの申し子だ。在学中にＱＲＥＣから毎年多額の資金援助を受けていたのだ。具体的にはＱＲＥＣの「Ｃ＆Ｃ（チャレンジ＆クリエイション）」で六回、「グローバルＣ＆Ｃ」で三回、助成金を獲得。前

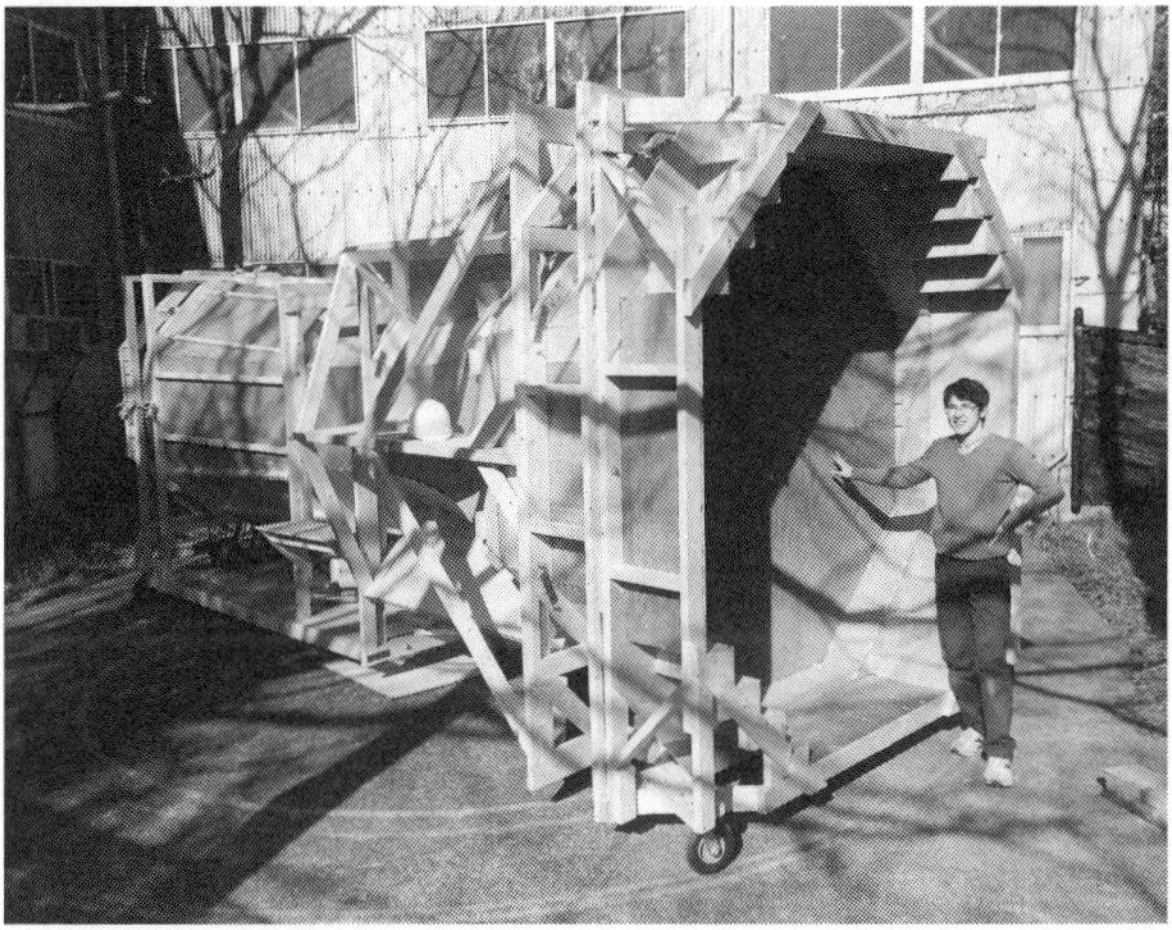

九大箱崎キャンパス内で「ガレージ創業」したローン・ジョシュア。
そこで風洞試験装置をつくった（2014年）

者は一回当たり上限五〇万円、後者は同一〇〇万円だ。

長崎出身のローンは高校時代から長崎大学大学院の研究室に毎日のように通い、風力発電に欠かせない風車の研究に熱中。九大では風車の形をしたホイールの自転車に乗って一日で一二〇キロも移動することもあった。風力発電に少しでも関係する分野であれば片っ端から授業を受けていたため、複数の九大キャンパスを駆け足で回る必要があったのだ。

九大でローンが選んだのは、学部・学科を超えて自由に何でも受講できる「21世紀プログラム」だった。「工学部に入ると風力以外の勉強もしなければなりません。風力に必要な分野をピンポイントでやるには21世紀プログラムが最適でした。医学部と薬学部以外の授業はすべて受けました」

ローンは起業の四カ月前までは両親と同じ研究者の道を歩むつもりでいた。ところが、C&C最後の審査会後にベンチャーキャピタリストの坂本剛《さかもとつよし》から「いまが製品化するタイミング。出資するから会社をつくらないか」と打診され、起業家へ方向転換した。C&Cの審査員として三年以上にわたってローンの風力発電研究を見てきた坂本の言葉の重みは大きかったようだ。

日本風洞に出資したのは、坂本が代表を務めるQBキャピタル傘下の「QBファンド」だった。九州地域の大学発スタートアップを支援するベンチャーキャピタルで、設立母体は西日本シティ銀行や産学連携機構九州（福岡市）。QBファンドが創業準備段階の「シード期」に出資する案件として日本風洞は第一号となった。

ローンは現在福岡県久留米市に拠点を置き、風力発電機と風洞試験装置を主力に事業展開している。「ロバート・ファンさんにもお会いしたことがあります。とても喜んでくれました」

ファンが起点になって起業家ローンが誕生したわけだ。卒業生→起業して大成功→母校へ寄付→母校が潤う→新たな起業家が生まれる、という流れが見事に実現している。ローンの成功が約束されたわけではないとはいえ、起業家として大成功した卒業生の寄付金が原点になっているという意味で画期的と言える。

九大をスタンフォード大学へ

偶然にも、QRECが誕生した二〇一〇年には福岡市長にエネルギッシュな若手改革派の高島宗一郎が当選。二年後に「スタートアップ都市宣言」をおこなったことで一躍脚光を浴びている。

さらには、日本風洞と糸島ジビエが設立された翌年の二〇一七年に九大で「起業部」が立ち上がった。大学公認の部活動であり、野球部が野球をするように起業部は起業するのをモットーにしている。発足時の部員数は一五〇人だ。

同年六月の起業部結成式には九大総長の久保千春《くぼちはる》も出席し、九大応援団から「フレー、フレー、起業部」とエールを切ってもらうほど盛り上がった。全国紙も含めてメディアもこぞって起業部発足を報道。地元福岡の西日本新聞は起業部発足の数カ月前に一面で「九大『起業部』7月始動」とスクープを放った。

九大はＱＲＥＣで起業家教育の体制を築いたのに続き、起業部をテコにして本格的な実践段階に入ろうとしている。アントレプレナーシップを教えるだけでは起業家は育たないと考えているのだ。

宣伝になって恐縮だが、私が翻訳したアントレプレナーシップの教科書『スタートアップ』（邦訳版は新潮社刊）は小説形式で書かれている。シリアルアントレプレナー（次々とスタートアップを立ち上げる起業家）でもある著者のダイアナ・キャンダーは同書のなかで次のように指摘している。

スタートアップについて学ぶ方法は百万通りある。しかし真に学ぶ方法はひとつしかない。起業家自身がスタートアップの失敗・成功を体験することだ。私自身の経験からも断言できる。だからこそ私は教科書ではなく小説を書いた。読者の皆さんは本書のページをめくりながら実際にスタートアップを経験し、貴重な教訓を学ぶ。破産の瀬戸際に追い込まれたり、不安で眠れなくなったりする必要はない。

大学公認の起業部は珍しい。第一号は熊本市にある私立大学・崇城《そうじょう》大学（旧名・熊本工業大学）だ。二〇一四年に部員三〇人で発足し、あっという間に全国レベルのビジネスプランコンテストを席巻し「知る人ぞ知る存在」になった。

崇城大准教授として起業部を立ち上げ、顧問として成功に導いたのが熊野正樹《くまのまさき》だ。彼は起業部立ち上げの実績も評価され、二〇一五年には経産省主催の「大学ベンチャーグランプリ」で最優秀教員賞を受賞している。

じつは、熊野こそ九大起業部の立役者だ。二〇一六年六月に九大学術研究・産学官連携本部准教授に就任。QRECの教員を務める傍ら、顧問として起業部を率いており、「九大を日本のスタンフォード大にしたい」と意欲を燃やしている。

シリコンバレーでは人材や技術の供給源になっているスタンフォード大はスタートアップ育成に不可欠の役割を果たしている。熊野は「福岡がスタートアップ都市を目指すなら、やっぱり九大がスタンフォード大の役割を担わないとだめ。これまで大学が十分にリンクしていなかった」と語る。

九大「起業部」の本気度

もちろん一朝一夕にはいかない。くり返しになるが、シリコンバレーの起業モデルは半世紀前に誕生している。世界各地が先駆者シリコンバレーを模倣しようとして「起業のエコシステム」構築で競い合っていても、シリコンバレーの背中がなかなか見えてこないのが現状だ。

たとえばベンチャー(スタートアップ)専門の弁護士だ。起業家は技術には詳しくても法律には詳しくない。それでも会社を立ち上げて資金調達しようとすれば、法律的な作業は避けて通れない。そこは弁護士にアウトソース(業務委託)するしかない。

ところが、地方にはベンチャー専門の弁護士はほとんど存在しない。熊野は「離婚専門の弁護士はいくらでもいるけれども、ベンチャー専門の弁護士は東京以外では日本中を探してもなかなか見つからない。熊本なんかにはまずいない。法律はめちゃくちゃ重要なんですけれどもね」と語る。

そこで熊野は起業部に強力なサポーターを用意した。経験豊かなメンター(指導者)陣である。総勢五〇人で、うち二〇人が起業家、一五人がベンチャーキャピタリスト、一五人が専門家だ。専門家には公認会計士らとともに弁護士も加わっている。社会人にもなっていない地方都市の学生起業家が弁護士もメンターにできるメリットは大きい。

ヒトと同じくらいカネも重要であり、カネも東京に集中している。この点でも熊野は工夫《くふう》を凝らした。起業部発足から数カ月後に一般社団法人「QUベンチャーズ」を設立したのである。

QUベンチャーズは起業部への資金援助を目的としている。いわば部活動資金の調達・運用を担うわけだ。具体的には、企業から寄付金を集めて、学生起業家の試作品開発など「プロトタイプ開発資金」として供給する。学生起業家が試作品などをつくる段階に入れれば、ベンチャーキャピタルから出資を受けるための投資交渉にもつながる――このように熊野は考えている。

スタートアップにとってベンチャーキャピタルは車の両輪のような存在だ。シリコンバレーでは起業家と一心同体になって活動している。ベンチャーキャピタルの経営者はみずからの人的ネットワークでプロの経営者を派遣することもあるし、個人として出資先企業のストックオプションを取得することもある。

東大など東京の一流大学と比べて九大の学生は能力的に劣っているわけではない。九大は九州で断トツであり、九州全域から優秀な学生を集めているから、むしろ東京の一流大学を上回っているかもしれない。東京では一流大学が多いから、優秀な学生は分散してしまうのだ。

にもかかわらず、大学発スタートアップの数では東大は九大を圧倒している。経済産業省の「大学発ベンチャー調査（二〇一六年度）」によれば、大学別スタートアップ創出数では東大は合計二一六社だ。第二位の京都大学（九七社）の倍以上、第五位の九大（七〇社）の三倍以上だ。

なぜか。学生の能力は同じでも、ヒトやカネなど起業のエコシステムの面で九大は不利に立たされているからだ。熊野は「ここは大人がサポートしてあげればいい」と考え、起業部にメンター陣とQUベンチャーズを用意したのだ。

起業部の目標は「年間五社、一〇年で五〇社、うち五社上場企業」だ。熊野は「五年で東大の背中が見えてくるんじゃないかな」とみている。

「起業部で起業しないのは、野球部で野球をしないのと同じ」

九大起業部の「部室」は、福岡市中心部の旧大名《だいみょう》小学校校舎を活用したスタートアップ支援施設「福岡グロースネクスト」一階にある。福岡市が民間企業三社と共同で二〇一七年四月に発足させた福岡グロースネクストは、スタートアップから「ユニコーン（企業価値が一〇億ドル以上のスタートアップ）」を生み出す目標を掲げている。

入部審査は厳しい。起業部は在学中に起業するコンセプトを掲げており、「起業部で起業しないのは野球部で野球をしないのと同じ」と見なしている。キャンダーと同じように、熊野も「実際に起業しなければ大事なことは学べない」という信念を持っている。

起業部は学生に覚悟を持ってもらうために、部費については学生基準では高額な年一万円に設定。三年生になって就職活動に専念するつもりの学生も受け入れない。それでも発足時に入部希望が殺到したため、一〇〇人以上断らなければならなかった。

熊野は「部室」の一角にオフィスを構え、ノーネクタイ姿でフル回転で働いている。とりわけ秋はビジネスプランコンテスト花盛りであり、毎週のように書類審査の締め切りを気にしなければならない。時には猫の手も借りたいほど忙しくなる。

二〇一七年の秋には「第一回九州大学ビジネスプランコンテスト」開催と重なったからなおさらだった。経産省や文科省主催ではなく、初めての九大主催。となると必然的に熊野に白羽の矢が立つ。

熊野は九大起業部の参加チームを指導しながら、開催に向けて事実上一人で企業スポンサーを探したり、審査員を集めたりしなければならなかった。「大学側のリソースも限られているので、一人であちこち走り回らなければならず、大変でした」と苦笑いする。

九大ビジネスプランコンテストは二〇一七年一一月二六日の日曜日午後、福岡グロースネクストで開催された。書類審査を経て勝ち残った八チームが起業に向けたビジネスプランを発表し、競い合った。

結果的に九大ビジネスプランコンテストは大成功。熊野の人的ネットワークで集まった審査員はベンチャーキャピタリストや企業経営者、コンサルタントら総勢一五人に上った。九大総長の久保がわざわざあいさつのために顔を出して結果発表まで見守ったのも、大学の本気度合いを示している。

優勝したのは、九大起業部所属の「NOVIGO」。工学部一人、医学部一人、芸術工学部二人、経済学部一人、農学部一人の混成チームだ。九大の特許技術を使って「シール型のワクチン薬」の開発・製造をおこなっている。「病院に行かないとワクチンが打てない」という常識を覆した点が評価された。

九大起業部から起業家第一号誕生

「これはすごい！　九大の学生がアメリカのビジネスプランコンテストで優勝したよ」
「本当に？　いくらゲットしたの？」「五万ドル。五〇〇〇万円以上だから学生にとっては大金」――。

私がこんな会話を妻と交わしたのは、九大ビジネスプランコンテストが開催されたのと同じ二〇一七年一一月のことだ。妻にとっては古巣のＱＲＥＣとも関係していただけにビッグニュースだった。

優勝賞金五万ドルを獲得したのは、九大医学部四年生の飯塚統《いいづかおさむ》が率いるチーム。彼を含めて医学部四年生二人、工学部四年生一人、医学部一年生一人の四人で構成されている。

このチームは、カリフォルニアで開催されたビジネスプランコンテスト「ライブ・シャークス・タンク」で優勝に輝いた。アメリカやロシア、アジアからの強豪チーム（一〇チーム以上が参加）に勝ったのである。直前にはやはりカリフォルニアで開催された別のビジネスプランコンテスト「アジアン・ナイト」（アジアとアメリカから九チームが参加）に出て準優勝している。

飯塚のチームがカリフォルニアで発表したのは、人工知能（ＡＩ）技術を使った医療向け病理画像診断ソフトの開発・普及のためのビジネスプランだ。スタートアップが大企業に勝つためのマーケティング手法のほか、慢性的な病理医不足という問題の解決策を示して高評価を受けた。

そもそも日本の学生がどうして「ライブ・シャークス・タンク」と「アジアン・ナイト」に参加できたのか。ここで威力を発揮したのが福岡市主催の「グローバルチャレンジ！　スタートアップチーム福岡」だ。福岡市内の起業家や起業家予備軍を対象にシリコンバレーなどで研修を積ませるプログラムで、二〇一六年にスタートしている。

飯塚のチームは「グローバルチャレンジ！」の助けを借りて訪米中にビジネスプランコンテストでの発表機会を得たのだ。二〇一七年には飯塚のチームも含めて総勢六〇人が「グローバルチャレンジ！」に参加し、一一月一三～一八日のスケジュールでシリコンバレーを訪問している。

飯塚はQREC「C&C」の助成金を得ていると同時に起業部に所属している。海外のビジネスプランコンテストで優勝したのだから、九大にしてみれば九大発スタートアップの最有力株になったと言える。あとは実際に起業するだけだ。四年生であるだけに、急がなければ起業部のルール「在学中に起業」を守れなくなる。

二〇一八年に入って飯塚は大きな一歩を踏み出した。ルールどおりに卒業前に起業し、「メドメイン」を設立して社長に就任した。九大起業部が生み出すスタートアップ第一号になったのだ。朝日新聞によれば、一月二三日には総長の久保らとともに九大の定例記者会見に顔を出し、「九大発のベンチャーとして世界展開を狙っていきます」と抱負を語っている。

第四章

イノベーションがすごい——有機ＥＬとバイオ

福岡から生まれた有機ELの世界的研究

前章で紹介したローン・ジョシュアの日本風洞製作所や飯塚統のメドメインは、学生が在学中に立ち上げた大学発スタートアップ。文字どおりスタートしたばかりであり、独自のビジネスモデルや製品が実際に市場で受け入れられるかどうか、これから試される。

福岡市には次元が違うスタートアップもある。ここでは学生は主役ではない。高名な学者が研究を担い、経験豊かなプロが経営を担っている。このような体制のもとで、すでに世界的な評価を確立している研究成果を取り込んでイノベーションを起こそうとしている。

私が初めて安達千波矢《あだちちはや》の名前を耳にしたのは、二〇一三年春に福岡に住み始めて間もないころだ。九州大学に就職した妻から「ここには安達先生というすごい人がいる。有機EL（有機化合物に電圧をかけると発光する現象）の分野では知る人ぞ知る研究者なんだよ」と聞かされたのだ。

それもそのはず、妻は安達のもとで働き始めたのだ。QREC（ロバート・ファン／アントレプレナーシップ・センター）教員として働く傍ら、科学技術分野の次世代リーダー育成を目指す博士課程教育リーディングプログラム「分子システムデバイスコース」に所属。同プログラムのコーディネーターを務める安達とは日常的に顔を合わせる関係になった。

当時は韓国のサムスン電子とＬＧエレクトロニクスが大型有機ＥＬテレビの発売に乗り出すなど、次世代薄型テレビの切り札として有機ＥＬパネルがにわかに注目され始めたころだ。「有機ＥＬの世界的権威が住んでいるなんて、福岡はすごいところなんだ」と思ったものだ。

あれから五年近くたって、東京都内のカフェで安達に初めて会った。店内をうろうろしていたら、「牧野さん？　奥さんには大変お世話になりました」と気さくに話しかけられた。スリムな安達はとても五三歳には見えないほど若々しかった。一〇歳若い四三歳と言われたとしても、まったく不思議に思わなかっただろう。

一因は生活スタイルにあるのかもしれない。安達は真冬を除いて毎朝平日なら五キロ、週末なら一〇キロ走るのを日課にしている。大学院生時代の恩師から「歌って踊れる研究者になれ」と言われたからだろうか。研究者は気分転換しなければ行き詰まる、という意味だ。

しかも極端な朝型だ。朝三時に起床してジョギングし、まだ薄暗い朝五時には大学に行く。朝九時まで研究に没頭するためだ。朝九時を過ぎると会議のオンパレードとなり、研究どころではなくなってしまうのだ。

あたりまえだが、研究者にとって研究時間はいちばん大事だ。安達は「朝目覚めていちばんフレッシュな時間を研究にあてることに決めたんです」と言う。早朝ならば電話がかかってきたり、誰かに話しかけられたりしないから、気が散ることもない。つまり研究に集中できるということだ。

安達は健康を維持して、いちばんフレッシュな時間を研究にあててきたから、有機ELの研究で大きな実績を残せたのかもしれない。米著名コンサルタントのトム・ラスによれば、健康とウェルビーイング（身体的・精神的・社会的に良好な状態）は知的労働者の生産性向上に直結するのである。

サムスンとLGのお墨つき

二〇一七年秋には有機EL市場に大きな追い風が吹いた。米アップルが発売したスマートフォンの最新モデル「iPhoneX（アイフォーンテン）」が有機ELパネルを初めて採用したのだ。有機ELパネルには液晶パネルよりも薄くて消費電力が少ないうえ、「折り曲げられる」という特性がある。

投資家のあいだでは「いずれ液晶パネルから有機ELパネルへ全面的にシフトする」と

の観測が広がり、ニューヨーク株式市場では米ユニバーサル・ディスプレイが人気化した。二〇一七年だけで同社の株価は三倍に跳ね上がった。

有機ELパネル市場で覇権を握っているのはサムスンとLGの韓国勢だ。テレビ向け有機ELパネルに強いLGに対して、サムスンはスマートフォン向け有機ELパネルに強く、アップルに独占的に自社製品を供給している。iPhoneXが売れればサムスンがもうかる構図になっている。

では、なぜユニバーサル・ディスプレイは株式市場で大人気になったのか。有機ELの発光材料市場を押さえ、サムスンに対して発光材料を供給したりライセンス供与したりする立場にあるからだ。

一九九四年創業のユニバーサル・ディスプレイは強大だ。現在量産されている「第二世代発光材料」の燐光《りんこう》材料で独占的地位を確立。株価が最高値をつけた二〇一八年一月中旬時点で一〇〇億ドル（一ドル＝一一〇円で一兆一〇〇〇億円）の株式時価総額を達成している。

歴史的に素材産業が強い競争力を誇ってきた日本。有機EL材料メーカーとしてユニバーサル・ディスプレイに立ち向かう企業は現れないのであろうか。

可能性はある。ユニバーサル・ディスプレイにとっていずれ強力な競争相手になるかもしれないスタートアップが福岡市に存在する。二〇一五年三月に九大で産声を上げたＫｙｕｌｕｘ（キューラックス）である。社名の「ｋｙｕ（キュー）」は九州、「ｌｕｘ（ラックス）」は光を意味する。

社歴数年の大学発スタートアップであるにもかかわらず、Ｋｙｕｌｕｘはいずれユニバーサル・ディスプレイに追いつき、追い越すことも可能だと信じている。生みの親が安達であり、彼の研究室から生まれた多数の特許を独占的に使用する権利を得ているからこそである。

安達は九大大学院に在籍していた一九八〇年代後半から有機ＥＬの研究をスタート。有機ＥＬ研究者が世界中でも片手で数えられるほどしか存在しなかった時代に、である。以来、三〇年以上にわたって有機ＥＬ研究に一貫して取り組み、発光材料として第三世代になる「熱活性化遅延蛍光（ＴＡＤＦ）」材料を開発したことで知られている。

安達は国からも全面的にバックアップしてもらっている。「最先端研究開発支援プログラム（ＦＩＲＳＴプログラム）」の対象者三〇人のうちの一人に選ばれているのである。

ＦＩＲＳＴプログラムとは、日本のトップ研究者を支援するために国が一〇〇〇億円投じて二〇〇九年度にスタートさせた五カ年計画のことだ。対象者三〇人はそうそうたる顔ぶれだった。すでにノーベル化学賞を受賞していた田中耕一《たなかこういち》（島津《しまづ》製作所研究者）や数年後にノーベル医学・生理学賞を受賞する山中伸弥《やまなかしんや》（京都大学教授）も含まれていた。

安達の研究にお墨つきを与えたのはサムスンとLGだ。二〇一五年六月に両社はそろってKyuluxへの出資実行を決定したのである。世界で激しく競い合っているライバルメーカー二社が同一企業に出資するのは異例だ。それほどKyuluxの技術に注目しているということなのだろう。

世界一の企業に福岡から勝負を挑む

安達はKyuluxの経営には直接タッチしていないとはいえ、共同創業者の一人である。当然ながらユニバーサル・ディスプレイに対抗心を燃やす。

じつは安達にとっては、ユニバーサル・ディスプレイは単なるライバル以上の存在である。個人的に同社とは切っても切れない関係にあるのである。

というのは、安達がかつて留学していた米プリンストン大学の研究室で生まれた大学発スタートアップがユニバーサル・ディスプレイだからだ。安達の留学時に研究室を主宰していたのは有機ELの研究者スティーブ・フォレスト。彼は安達のボスであると同時にユニバーサル・ディスプレイの共同創業者の一人だった。

安達がフォレストと最初に接点を持ったのは、まだ二〇代後半だった一九九一年のこと。カリフォルニアで開かれた学会で有機ELをテーマに発表したところ、「おもしろい発表だったね。うちの研究室を見にこないか」と誘われた。高名な学者から「おもしろい」と言われたのだから、行かないわけにはいかなかった。

当時フォレストは南カリフォルニア大学（USC）の電子工学・材料科学科に在籍。安達は研究室に足を踏み入れて息をのんだ。フォレストがベル研究所から持ち込んだ最新鋭の装置を目にして、あまりのすごさに圧倒されてしまったのだ。「これでは日本はかなわない。いつかアメリカで研究できたらいいな」と思った。

こんな経験があったことから、一九九〇年代後半の信州大学助手時代にフォレストから「アメリカで研究してみないか」と声がかかった際には迷わずに「イエス」と返事した。USCからプリンストン大へ転籍していたフォレストの研究室には、世界中から優秀な学生や研究者が集まっているのは間違いなかった。期待に胸を膨らませた。

ところが、一九九九年からアメリカで過ごした三年間は休む間もなく、毎日のようにつらい思いをしていた。オリエンテーションもないままで、初日からいきなり研究計画づくりで議論を吹っかけられた。妻と二人の子ども（当時一歳と三歳）といっしょに初のアメリカ生活を楽しもうと思ったのに、家族サービスどころではなく、昼夜研究に没頭しなければ追いつけなかった。

安達は「苦しかったですね。論文を書いても真っ赤になって戻される。三日のうちに書き直さなければいけない。すごいスパルタで、それに耐えられる研究者だけが生き残れるような世界でした。でも、いい意味でみんなスマート。限られた時間でなんでもスパッと終えてしまう。だらだらやらないんですよ」と振り返る。

プリンストン大留学時代の最大の成果は事実上の「大学発スタートアップ研修」だったかもしれない。安達はフォレストの研究室に所属しながらアメリカの本場大学発スタートアップを間近に観察し、「いつか日本で自分の技術でスタートアップを立ち上げたい」と思うようになったのである。

留学のタイミングがドンピシャだった。フォレストの研究室が第二世代の燐光材料の開発に成功したのを受け、ユニバーサル・ディスプレイが実用化に乗り出したのが一九九〇年代終わりだ。安達が信州大からプリンストン大に移籍した時期とちょうど重なる。

そんなわけで、安達はフォレストの研究チームの一員としてユニバーサル・ディスプレイのオフィスをちょくちょく訪ね、スタートアップの現場を目の当たりにすることができた（プリンストン大もユニバーサル・ディスプレイも同じニュージャージー州にあって地理的に近い）。つまり、プリンストン大で研究しながら「大学発スタートアップ研修」を受ける格好になったのである。フォレストのおかげとも言える。

安達は当時を思い出し、「アメリカでベンチャーをつくるとすごい。一流の法律事務所から弁護士がやってきたり、経験豊かなバンカーが財務担当として加わったり、いろんな専門家があっという間に集まってくる」と語る。

「フォレストの会社」ユニバーサル・ディスプレイと正面から競合するＫｙｕｌｕｘを立ち上げたことについてはどう思うのか。恩師に勝負を挑むような形になるのではないか。

「フォレスト先生は怒っているかもしれないけれども、それはそれでいい。立ち止まったらだめですから」

次世代発光材料をめぐってデッドヒート

日本に戻った安達は燐光材料の研究をストップし、第三世代のＴＡＤＦ材料の研究に全精力を移すようになった。アメリカ発の技術ではなく日本発の技術をつくり、最終的には実用化に向けてスタートアップを立ち上げたいと考えた。

研究が加速したのは安達がFIRSTプログラムの対象に選ばれた二〇〇九年以降だ。翌年には産学連携をテコにしてオープンイノベーションを目指す「最先端有機光エレクトロニクス研究センター（OPERA）」が九大内に発足し、安達はセンター長に就任。そこに他大学や民間企業の人的資源が結集したことで、TADF材料の開発は二〇一二年までに完了した。

これを受けて誕生したのがKyuluxだ。OPERAから関連特許の独占的使用権を与えられ、TADF材料を発展させた第四世代の「ハイパーフルオレッセンス（超蛍光）」の実用化を担う先兵と位置づけられている。

現在量産されている発光材料は第一世代の蛍光材料と第二世代の燐光材料だ（蛍光材料では日本の出光興産が圧倒的シェアを握っている）。それぞれ問題点がある。蛍光材料は電力を光へ変換する効率で劣り、燐光材料はイリジウムなどレアメタルを使うため高コストだ。第三世代のTADF材料ならば光変換効率が一〇〇％と高いうえ、レアメタルが不要となってコストを抑えられる。

TADF材料の実用化で先行しているのはドイツのサイノラである。もともとは二〇〇三年に同国のアーヘン工科大学からスピンオフして誕生した大学発スタートアップだ。サムスンとLGの両社も熱い視線を注いでおり、二〇一七年九月にはサイノラに対して両社合計で二千五百万ユーロ（一ユーロ＝一三〇円で三二億円強）の出資を実行している。

Kyuluxはサイノラと同じ土俵で戦うつもりはない。TADF材料をそのまま使うのではなく、TADF材料の先を行くハイパーフルオレッセンスに照準を定めている。既存の蛍光材料に添加剤としてTADF材料を加えることで、蛍光材料の性能を飛躍的に高める点にハイパーフルオレッセンスの特徴がある。

カギを握るのはやはりサムスンとLGだ。第三世代のTADF材料に向かうのか、それとも第四世代のハイパーフルオレッセンスに向かうのか。そろってサイノラとKyuluxに出資したのは、両社を天秤にかける作戦なのだろう。

Kyuluxは二〇一九年秋に発売されるiPhoneの新モデルに期待をかけている。そこで採用される有機ELパネル向けにハイパーフルオレッセンスを使ってもらえれば、ユニバーサル・ディスプレイの背中はあっという間に見えてくると考えている。

もちろんユニバーサル・ディスプレイも現状にあぐらをかいているわけではなく、燐光材料の青色実用化を急いでいる。三原色（赤・緑・青）のうち燐光材料で実用化できているのは赤色と緑色だけなのだ。Ｋｙｕｌｕｘはユニバーサル・ディスプレイやサイノラとデッドヒートを繰り広げることになる。

Ｋｙｕｌｕｘ創業者の一人で最高財務責任者（ＣＦＯ）の水口啓《みなくちあきら》は「サムスンかＬＧのどちらか一社にまず一色売る。これが目標。そうなったらＩＰＯ（新規株式公開）できる。アメリカで上場できるのではないか」と見ている。「一色売る」とは、三原色のうち少なくとも一色を売るという意味だ。

無名ベンチャーに名だたる企業が出資

もちろんＩＴ業界では、ちょっとしたことで競争環境は激変する。いかに安達の技術を基盤にしているとはいえ、Ｋｙｕｌｕｘの成功は約束されているわけではない。

Ｋｙｕｌｕｘにしてみれば、サムスンとＬＧの出資を受けるまでがいばらの道だった。ＴＡＤＦ材料の開発完了を受けて安達がスタートアップ立ち上げに向けて動き出したのは二〇一三年。この時点では社名も決まっていなかったし、デモパネルもつくられていなかった。あるのはＯＰＥＲＡが保有する技術だけだった。

これではベンチャーキャピタルをはじめとした投資家に出資を打診しても、なかなか首を縦に振ってもらえない。ＣＦＯの水口は「最初の一五億円の調達にこぎ着けるまで一年半かけて国内外を飛び回り、合計四〇〇回も投資家とのミーティングを重ねました。でも全部討ち死にでしたよ」と打ち明ける。

　多くのミーティングにはＫｙｕｌｕｘの共同創業者四人が参加。アメリカではサンディエゴ郊外に大邸宅を構える億万長者を訪ね、空振りしたこともある。ちなみに安達と水口以外の共同創業者は佐保井久理須《さぼいくりす》と安達淳治《あだちじゅんじ》の二人。前者は九大医学部出身の米国人弁護士で初代最高経営責任者（ＣＥＯ）、後者はパナソニック電工で経験を積んだ研究者で二代目ＣＥＯだ（苗字は同じでも九大教授の安達とは親戚関係にない）。

　何がネックだったのか。社歴がないうえに材料ベンチャーである点が敬遠されたようだ。「材料ベンチャーが日本で成功した事例はない」「いつ開発に成功するのかわからないようなベンチャーにお金なんか張れない」——こんな反応ばかりだった。半導体やソフトウエア、バイオベンチャーなどと比べて材料ベンチャーは理解するのが難しく、投資家側に目利きが育っていないのが実態だった。

　水口自身も当初はＫｙｕｌｕｘへの転職をためらった。二〇一三年の秋に将来のＣＥＯ安達を紹介され、ＴＡＤＦ材料の話を聞かされた。しかし、ちんぷんかんぷん。当時は地域密着型のベンチャーキャピタル「九州ベンチャーパートナーズ」の社長だったから、彼自身が「材料ベンチャーを理解できない投資家」だった。

投資家の視線が変わり始めたのは二〇一五年一一月下旬だ。日本経済新聞が一面で「アップル、iPhoneに有機EL採用、韓国LGが増産投資」と報じた。これをきっかけに「業界全体の雰囲気が変わり、投資家も有機ELを見始めるようになった」（水口）。

決定打はサムスンとLGによるKyuluxへの出資だ。九大教授としてKyulux誕生にかかわった安達は「日本企業は技術を理解できずにお金を出さなかった。でもサムスンとLGがお金を出すと決めた途端、みんな焦ってワーッと出し始めたんです」と回想する。

サムスンとLGに刺激されてKyuluxに出資した日本企業はどこか。ジャパンディスプレイとJOLED（ジェイオーレッド）である。前者はソニー、東芝、日立製作所の中小型液晶パネル事業を統合して発足、後者はソニーとパナソニックの有機ELパネル事業を統合して発足した会社だ。「有機EL材料の価値を理解するサムスンとLGが出資するなら間違いない」と判断したのだろう。

成功しても福岡にとどまる理由

Ｋｙｕｌｕｘは二〇一八年に入って二回目の資金調達に成功している。一回目と同様に数十億円であり、再びサムスンとＬＧが出資に応じている。水口は「会社を立ち上げたばかりでこれだけの資金を集めるのは容易じゃない。日本ではこれ以上は難しい。これからは世界中からお金を集めないといけない。おそらく二年で使い切ってしまうから」と話す。

二回の資金調達に成功したからといってまだまだ気を抜けないのだ。「一色売る」を実現して初めて飛躍できるのである。

仮に成功したらＫｙｕｌｕｘは福岡にとどまるのだろうか。水口は「福岡でなんの問題もない」と即答する。理由は次のとおりだ。

「日本人は日本地図を見て東京と福岡は遠く離れているなと思う。でもグローバルに活動している人は世界地図を見る。すると東京と福岡なんて全然遠く離れていない。シリコンバレーとシアトルを見てください。同じ西海岸にあるのに東京と福岡以上に離れている。でも誰も全然気にしないですね。遠いなんて思わないんです」

東京にヒト、モノ、カネが集中しているから物理的に東京に行かなければならないケースは少なくない。ＣＦＯとして資金調達を担当している水口も月に何度も東京へ出張する。

投資家がいるからだ。「でもデメリットはそれくらい。たいしたことはない。カネがなければカネがあるところへ行けばいいんだから」

この点で威力を発揮するのが福岡空港だ。ビジネス街の博多駅から地下鉄でわずか五分の距離にあり、アクセスのよさは抜群だ。しかも国際空港だからソウルや香港《ホンコン》、台北《タイペイ》、シンガポールなどアジア各都市へ直行便が飛んでいる。Ｋｙｕｌｕｘにはアジア出身の社員が多い。

九大を核にして福岡をシリコンバレーに

九大教授として長らく福岡に住む安達はどう考えているのか。そもそも東京生まれの東京育ちだ。転職をくり返し、東京↓福岡↓静岡↓長野↓米ニュージャージー↓北海道↓福岡と移り住んできた。若いときに「五年以上同じ場所に住んではいけない。腐ってしまうから」と言われ、それをルールにしてきた結果でもある。

二〇一八年で福岡生活はまるまる一三年になる。安達は「ここまできたんだから福岡でがんばろうかな。ここでやっている仕事の成果を次の世代につなげて、福岡で花を咲かせたい」と言う。要するに、福岡は例外扱いで「五年で移住ルール」を適用しないということとだ。

どんな花を咲かせたいのか。安達が頭の中で描いている未来ははっきりしている。九大を核にしてシリコンバレーに匹敵する地域を誕生させるということだ。長期プロジェクトであり、彼自身が言っているように次の世代につなげなければ実現しない。

すでに安達指導のもとで次の世代は育ちつつあるようだ。二〇一七年一〇月三日、英ネイチャー誌の電子版に「有機材料を使った世界初の蓄光システム」に関する論文が掲載された。OPERAに所属する九大助教の嘉部《かべ》量太《りようた》がセンター長の安達と共に書いた論文である。嘉部は二〇一〇年に九大で工学博士を取得したばかりの若手研究者だ。

九大には安達のほか、水素エネルギー研究の世界的権威である佐々木《ささき》一成《かずなり》らもいる。それが影響しているのか、大学全体の評価も上昇中だ。英通信社ロイターが世界の主要大学をイノベーションでランキングしたところ、九大は二〇一七年に第七九位から第六八位へランクを上げている。日本勢として上位一〇〇大学にランクインしたのは東京大学や大阪大学など八大学あり、このうち順位を上げたのは九大だけだった。

安達にとって一回目の福岡生活は一九八〇年代後半から一九九〇年代初めにかけての九大大学院時代だ。九大に決めた理由がおもしろい。彼は九大大学院教授の齋藤《さいとう》省吾《しようご》のもとで分子エレクトロニクスを学ぼうとして九大行きを決めたのだが、それだけではなかった。

「東京に飽きてしまったんです。それに、若いころにはできるだけ遠くへ行きたいなと思うものでしょう？　親戚も友だちも誰もいないようなところで新たなスタートを切れたら楽しいんじゃないかな、とね。実際に九大の試験を受けに行って福岡を見たら、『ああ、なんかいいな』と思ったんです。それがきっかけです」

安達は東京に長らく住んでいないから東京人でなくなったし、頻繁に引っ越さなくなったから「流浪の民」でもなくなった。となると福岡人と見なしてもいいのだろう。もしＫｙｕｌｕｘが九大発スタートアップとして大化けしたら、「福岡人が福岡で創業した福岡企業」として語られることになるかもしれない。

「起業家のメッカ」久留米大附設

Ｋｙｕｌｕｘが次元の違う福岡発スタートアップだとすれば、鍵本忠尚《かぎもとただひさ》は次元の違う福岡発起業家だ。

九大医学部出身の眼科医としてスタートして二〇代で起業家へ転身し、三〇代のうちに二度目のバイオベンチャー立ち上げに成功しているのである。いまや「再生医療のシリコンバレー」を担う旗手の一人だ（「再生医療のシリコンバレー」については追って説明）。

顔の彫りが深く、一見すると外国人映画スターのような鍵本だが、私は学歴を見て「やっぱり起業家なんだな」と素直にうなずいてしまった。「附設《ふせつ》」出身なのである。

附設とは、福岡県久留米市にある中高一貫の名門私立、久留米大学附設中学・高校のことだ。東大に多くの卒業生を送り込んでいることで有名だが、著名起業家を何人も輩出する「起業家のメッカ」として語られることもある。

いちばん有名な起業家はソフトバンクグループ創業者の孫正義だ。「福岡を代表する」ではなく「日本を代表する」起業家である。中退組とはいっても附設出身に加えられている。附設出身者としては孫の実弟でガンホー・オンライン・エンターテイメント創業者の孫泰蔵《たいぞう》もいるし、旧ライブドア創業者で「ホリエモン」の愛称で知られる堀江貴文もいる。

附設時代の鍵本は起業家になる発想はまったく持ち合わせていなかった。個性豊かなクラスメートに囲まれ、自由な校風のなかにいたこともあり、中学一年生のときから油絵に熱中してコンテストにも入賞。「芸術家になって世の中に自分のアイデンティティを残したい」との思いから、いつしか東京芸術大学に憧れるようになった。

ヘリオス創業者兼社長の鍵本忠尚。眼科医でもある
提供:ヘリオス

高校二年生のときに父に相談してみた。すると「なんのために進学校へ行かせたと思っているんだ!」とめちゃくちゃ怒られた。ふと考えてみると、尊敬する芸術家で芸大卒の人は一人も思い浮かばなかった。

「芸大で芸術を学ぶ意味ってなんなのだろう? 大学に行くんだったら明確に学ぶ意味がある分野がいいかな」

最後は「明確に学ぶ意味がある」という理由で九大医学部を選んだ。「芸術家として何かを残せなくても、医者として何かを残せるんじゃないか」とも思った。内科医だった両親を見て育ったことも影響したのかもしれない。父は熊本大学医学部附属病院の血液内科に所属する医師だった。

一九九六年に入学した九大医学部では浮いた存在だった。医学部生のほとんどが医師を目指す環境下にありながら、入学前から医師としての将来をうまくイメージできなかったのだ。臨床医は治療法がなければ「治せません」と患者に告げなければならないし、研究医は治療法のタネを発見しても実際に治療薬を患者に届けられない——ここに限界を感じていた。

鍵本は「周囲に同じ考えの学生は全然いませんでしたね」と回想する。「学年全体で一〇〇人はいるのに、基礎研究の世界に進んだり官僚の世界に進んだりする人はほんの一人か二人。起業家になろうという人は皆無でした。結局は自分のなかでは起業家がいちばんしっくりする解答でした」

附設時代は大先輩の孫正義に対してとくに親近感を持つこともなかった鍵本。起業に関心がなかったからだ。しかし、研究成果をスピーディーに患者に届けるためには臨床一本やりでも研究一本やりでもだめだと考えるなかで、なんらかの形で事業を立ち上げる必要性を感じ始めたようだ。だからこそバイオベンチャーについて知ったときにはピンときたのである。

スタンフォード大〝遊学〟で人生観変わる

医師志望者ばかりの医学部以外に広く交友関係を築いていたのが幸いした。九大キャンパス内をぶらぶらしていたときのことである。文部科学省の支援で国費留学中のアメリカ人留学生に出会い、「アメリカにはバイオベンチャーがある。スタンフォード大では先輩がバイオベンチャーをばんばん立ち上げているよ」と聞かされた。「これだ！」と思った。

さらには同じ留学生から「僕はスタンフォード大にいるから遊びにこないか」と誘われ、渡りに船だった。九大卒業後に直ちにアメリカへ飛んで彼の大学寮に転がり込み、寮生活を送り始めた。スタンフォード大に在籍していなかったにもかかわらず、である。「たぶんいろんな規則に違反していたと思います」

鍵本はスタンフォード大への〝遊学〟時代、さまざまなバイオベンチャーを見て回ったことで、「人生観が一八〇度変わった」と感じるほど刺激を受けた。訪問先のひとつは、一九七六年にシリコンバレーで創業して「世界最初のバイオベンチャー」と言われるようになった伝説的バイオ企業、ジェネンテックだった。くしくも一九七六年は彼が生まれた年でもある。

大学を出たばかりで社会人経験もない日本人が、なぜアメリカのバイオベンチャーを訪ねることができたのか。

日本貿易振興会（ジェトロ）のおかげである。鍵本がジェトロのサンフランシスコ事務所に駆け込んだところ、親切にもインターンとして受け入れてくれたうえに名刺まで用意してくれたのだ。だから、いっぱしの調査員のような顔をしてジェトロの職員に同行してバイオベンチャーとのミーティングに参加できたのである。

ギターも忘れてはいけない。鍵本は九大卒業後にアメリカ行きを決めていながらも、航空券を買うカネを持っていなかった。父に相談したら「とぼけたこと抜かすな！」と一蹴された。そこで、大切にしていた高級クラシックギターを売り払ったのである。

バイト代を貯《た》めて三〇万円で買ったクラシックギターは半額の一五万円で売れた。航空券は往復で一五万円かからなかったのでおつりが出た。鍵本は「いま思えばあれが人生で最高の投資でした。たったの一五万円であれだけのことができたんですから」と回想する。

アメリカの本場バイオベンチャーを見て回って鍵本ははっきりと起業をイメージするようになった。その延長線上で附設の大先輩である孫正義に親近感を抱くようになった。

「社会人になって先輩に孫さんがいるんだということをだんだん意識し始めました。孫さんというロールモデルがあるんだから自分でもできるんじゃないか――そんな思いはありましたね」

補足しておくと、孫もアメリカ留学がきっかけで人生観が変わったと公言している。ただし、鍵本が大学卒業後にアメリカへ行ったのに対して、孫は附設を中退してアメリカへ行っている。

初の福岡発バイオベンチャーに二〇億円

アメリカから帰った鍵本は九大病院に眼科医として採用され、研修医を二年間続けた。起業家になると決意していたけれども、まだ機が熟していないと考えた。

予想していたとおり、臨床現場に立てば立つほど無力感にさいなまれた。治る病気は治るけれども、治らない病気は治らないのである。「この病気は治りません」と患者に伝えなければならないつらさを身をもって味わわされた。

ヘリオスのロゴを三つの三日月にしたのも、臨床医時代に担当した三人の患者のことを意識してのことだ。病気によって患者は希望を失い、場合によっては命を落とす状況を目の当たりにしたのである。その先を見据えて踏ん張るしかなかった。

そんなわけで、臨床医として超多忙な日々を送りながら、つねに「治らない病気を治せる技術はないか」と目を光らせていた。結局、実用化のポテンシャルが大きい技術を四つ見つけた。これをベースにして二〇〇五年四月に一度目のバイオベンチャーとなるアキュメンバイオファーマを設立したのである。

設立場所は九大キャンパス内、事業化対象は九大や近隣大学の技術。バイオベンチャーであると同時に大学発スタートアップである。会社の実績はなく知名度はゼロ、社長は二八歳で事業経験はゼロ。投資家からいったいいくら集めることができたのだろうか。

会社設立から三年間で二〇億円である。かなりの金額だ。

出資したのは合計四〇社で、三菱UFJキャピタル（メガバンクの三菱UFJフィナンシャル・グループ傘下にあるベンチャーキャピタル）が最大の五億円を出した。二〇億円も調達できた理由について鍵本は「私に賭けてくださったとしか言いようがない」と答えるだけだ。

だが、もうひとつ理由がありそうだ。創業者が若い臨床医であるうえ、投資対象が福岡発バイオベンチャーだったという点だ。二〇〇〇年代前半には日本ではバイオベンチャーブームが起きていたとはいえ、東京発バイオベンチャーばかりで福岡発バイオベンチャーは事実上初めてだった。目新しさから投資家の関心を集めたとしても不思議ではない。

一度目のバイオベンチャーは災難続き

四つの技術についてはニ〇億円ですべてやるのは無理だった。アキュメンでやることにしたのは、九大の研究チームが開発した眼科手術補助剤「BBG250」。医療現場のニーズもあり、最も確実な技術だとの判断があった。

ところが、アメリカとインドで治験（臨床試験）を始めて大問題に遭遇した。治験自体は順調に進んでいたのに、生産委託先に対する管理が甘く、ミスを防げなかったことで治験をやり直さなければならなくなったのだ。

運悪く当時はリーマンショックのさなかの二〇〇八年。誰からもびた一文も集められないような状況下にあっては治験のやり直しは不可能だった。そうなるとコストを減らすため人員削減するしかない。アメリカではチームを解散し、日本では大リストラする羽目になった。

一から仕切り直しとなり、今度はどうにかしてヨーロッパで提携先を見つけて一年後に承認にこぎ着けた。すると一難去ってまた一難。突如としてドイツ企業が特許侵害で訴えを起こしてきた。鍵本の言葉を借りれば「日本のバイオベンチャーなんか訴えれば簡単につぶせるとなめてかかってきた」。

訴訟に負ければ特許が無効になり、唯一の製品を販売できなくなって二〇億円をドブに捨てる格好になる。ドイツ語で資料をつくり弁護士を何人も投入してくるドイツ企業を相手にしていても、絶対に勝たなければならなかった。

綱渡りではあったものの、最後にはオランダ・ハーグの欧州特許庁での裁判に臨んで勝てた。二〇一一年一二月一日、たまたま三五歳の誕生日のことだった。鍵本は「すごいストレスでしたね。決め手は法律的な知識よりも科学的な議論。いい経験でした。この戦いを経て、グローバルな市場でもけんかに勝てると自信がつきました」と振り返る。

アキュメンが開発した眼科手術補助剤は二〇一〇年九月、「ＩＬＭブルー」という製品名でヨーロッパ全域で発売された。日本発バイオベンチャーが開発した製品が実用化されたのは初めてのことだった。ヨーロッパではＩＬＭブルーは数年内に眼科手術のデファクトスタンダードとなる。

iPS細胞で「再生医療のシリコンバレー」を担う

二度目のバイオベンチャーは一度目があったからこそ実現した。

アキュメンがヨーロッパでＩＬＭブルーを発売した二〇一〇年のことだ。国立研究開発法人の理化学研究所に所属する高橋政代《たかはしまさよ》が鍵本の活躍を見て、加齢黄斑変性（ＡＭＤ）治療薬の事業化に関心がないかどうか打診したのである。

高橋は理研でｉＰＳ細胞を使った網膜再生医療プロジェクトを率いる医学者だ。眼科医でもある。鍵本はふたつ返事で「やります」と宣言した。これこそ臨床医時代からずっと追い求めていた仕事だったからだ。

鍵本が臨床医として担当した患者のなかに、老化に伴ってＡＭＤを患いほとんど何も見えなくなっていた男性がいたのだ。「先生、私の目の病気は治りますか？　五年前に生まれた孫の顔を一目見たいんです」。そんな願いをされた鍵本は自分の無力を思い知らされると同時に、「いつか必ず治療薬を開発する」との思いを強めたのである。

ＡＭＤは恐ろしい病気だ。老化とともに網膜の中心部である黄斑がダメージを受けて視力が低下し、最悪の場合は失明する。欧米では失明原因の第一位だ。日本では患者数が比較的少ないと言われていたものの、高齢化が急ピッチで進んでいるため近年、患者数は顕著に増えているという。

再生医療であれば理論上、ＡＭＤの根本治療も可能になる。単純化して言えば、いったん治療すれば再発しないということである。高橋が鍵本に持ちかけたのは、再生医療の切り札とも言えるiPS細胞による治療薬の開発だ。

再生医療とは、病気やけがで失われた組織や臓器を再生させ、患者に移植して正常な状態に戻す医療技術のことだ。とくに注目を集めているのがiPS細胞だ。二〇一二年に日本人医学者の山中伸弥（京都大学iPS細胞研究所所長）がノーベル医学・生理学賞を受賞したことで、iPS細胞をめぐる動きはにわかに盛り上がった。

高橋の要請を受け入れた鍵本は素早く行動した。翌年の二〇一一年二月に早くも二度目のバイオベンチャーとなるヘリオス（当初は日本網膜研究所）を創業。福岡市内の自宅で登記したから「ガレージ創業」である。

ヘリオスは創業から四年余りで東証マザーズに上場してIPOを達成しながらも、二〇一八年春時点ではなお赤字経営だ。研究開発先行でAMD治療薬を市場に投入していないのだから当然とも言える。

海外市場に狙いを定めたアキュメンと違い、ヘリオスは最初から日本で勝負する計画だ。「再生医療製品をいちばん出しやすいのは日本だから、日本で治験をやって日本で製品化し、そのうえで世界戦略を実行するのが合理的」（鍵本）と判断している。

なぜなのか。iPS細胞研究のパイオニアである山中がノーベル賞を受賞したのをきっかけに規制緩和が一気に進み、日本がいわば「再生医療のシリコンバレー」の地位を獲得しつつあるからだ。二〇一四年に改正薬事法を含む再生医療新法の施行によって早期承認制度が認められ、「再生医療製品を患者に届けるスピード」という点で日本は世界一に躍り出ている。

鍵本はいま、「再生医療のシリコンバレー」の一角を担う注目の起業家なのである。

「マネジメント人材」が福岡を成長させる

ただ、鍵本は福岡発起業家ではあるけれども、もはや在福岡起業家ではない。二〇一二年一二月にヘリオスの事務所を東京に設けたのに続き、翌年九月には本社そのものも東京へ移転してしまっている。

「スタートアップ都市」を宣言し、福岡発起業家の育成に力を入れている福岡市長の高島宗一郎からは残念そうに「東京に行きやがって」と軽口をたたかれた鍵本。なぜ東京なのか。そこにマネジメントがわかる人材が集中しているからだ。彼は次のように説明する。

「福岡には技術はあるけれども経営を担えるプロがあまりいない。アキュメンで苦労したのもそこでした。福岡には製薬企業がないから製薬事業を経営できるプロがいない。そうなると東京に拠点を置かざるを得ない。実際、東京に移転してから非常に速いスピードで成長しました。東京事務所開設から上場まで二年半です。すばらしい人材に恵まれたからです」

どうすればいいのか。鍵本の考えでは、実際に起業して大成功するケースが相次げば自然とマネジメント人材も増える。シリコンバレーで大成功したアップルやグーグルから有能なマネジメント人材が次々と飛び出していって起業したように、である。実践あるのみというわけだ。

一度目のバイオベンチャーであるアキュメンではすでに動きがある。一例は、東大発スタートアップでバイオベンチャーのシンクサイトを二〇一六年に創業した若手起業家、勝《かつ》田和一郎《たわいちろう》だ。

勝田は東大法学部を卒業した二〇〇五年、中央官庁や大企業を無視していきなりアキュメンに入社。この年に鍵本がアキュメンを立ち上げたのだから、一流大学を出ていながら社歴ゼロの会社に入社したことになる。「話を聞いたらすごくおもしろそうだったから」

勝田は久留米出身で鹿児島のラ・サール高校卒業であり、熊本出身で久留米大附設卒業の鍵本とは九州でつながっている。二〇〇八年まで三年間にわたってアキュメンを舞台にして鍵本といっしょに働いて「大いに刺激された」。

要するに、勝田はアキュメンで培ったマネジメント経験を生かし、自分の会社であるシンクサイトを経営しているのだ。誕生したばかりのスタートアップを最初の職場に選んだからこそ、若くしてマネジメントを学べたと言える。大企業ではこうはいかなかっただろう。

鍵本は年間の四分の一はアメリカ西海岸を中心に世界中を飛び回っている。日本では仕事の拠点を東京に置き、週末だけ福岡に戻る生活を続けている。「やっぱり福岡はいいですね。九大病院で患者さんに学んだ初心に戻り、世界を変えていきたいという胆力を練ることができます」

ヘリオスが治験に成功して将来大化けすることになったら？「そのときはぜひ福岡に戻りたい。福岡がいまの自分を育ててくれたから」

第五章

都市戦略がすごい——「日本のシアトル」を目指す

「住みやすさ」をビジネスチャンスに

福岡市長に史上最年少の三六歳で就任して一年足らずの二〇一一年九月、高島宗一郎はアメリカ西海岸北部の都市シアトルを訪ねた。単に立ち寄っただけであり、とくに下調べしてきたわけでもなかった。そもそも福岡とシアトルの両市は姉妹都市関係にもないのだ。目的地はカナダ西南部のバンクーバーだった。高島はそこで開かれる「国際地域ベンチマーク協議会（ＩＲＢＣ）」の年次会議に参加する予定だった。ＩＲＢＣは規模や特性で類似する世界十都市が集まり、共通の課題について意見交換するコンソーシアムだ。

高島がバンクーバーの前にシアトルに降り立ったのは、シアトル出身のＩＲＢＣ発起人に会うためだった。ＩＲＢＣ会議への参加は初めてで、事前に情報収集しておくのも悪くなかった。寄り道してもバンクーバーは北へ飛行機で一時間足らずの距離にあり、地理的に近い。

ところが、シアトルを見て衝撃を受け、バンクーバーどころではなくなってしまった。シアトル訪問で福岡市長として打ち出す政策の方向性は決定的になり、翌年の「スタートアップ都市・福岡」宣言として結実するのである。彼自身はまったく予想していなかった展開だ。

マイクロソフト、アマゾン・ドット・コム、スターバックスコーヒー、コストコ――。そろってシアトル生まれで、いまもなおシアトルを本拠地にしている世界的企業だ。これまでに指摘してきたように、二〇一八年初頭時点でマイクロソフトとアマゾンは株式時価総額で世界トップ五社のうちの二社だ。

時価総額が巨大であれば大株主の創業者に巨富が転がり込む。だから世界第一位の金持ちと世界第二位の金持ちは共にシアトル在住だ。米「ブルームバーグ億万長者指数」によると、二〇一八年初頭時点で前者はアマゾン創業者のジェフ・ベゾス、後者はマイクロソフト創業者のビル・ゲイツ。それぞれ一〇〇〇億ドル(一〇兆円)前後の資産を持つ。

地元コミュニティーにとってスーパーリッチの存在は大きな意味を持つ。寄付を通じて地元が潤うからである。ゲイツは世界最大の慈善団体である「ゲイツ財団」を通じて目がくらむほどの金額を地元シアトルに投じている。

シアトルは人口で福岡市の半分にも満たない。にもかかわらず、ここから独創的なスタートアップが相次ぎ誕生し、社会にイノベーションを引き起こす世界的企業に成長しているのだ。この点では福岡はまったくかなわない。

だが、高島はここにチャンスを見いだした。あとで調べたところ、福岡とシアトルの両市に多くの共通項が浮かび上がったからだ。福岡には大きなポテンシャルがあるということであり、それをうまく引き出せば「日本のシアトル」を実現できる、とひらめいたのである。

どんな共通項があるのか。①リバブル（住みやすい）、②コンパクトシティ、③港湾都市④大学の研究シーズ――などだ。「福岡とシアトルが得意とする部分がまったくいっしょ」（高島）だ。

大学の研究シーズについては補足が必要だろう。研究シーズとは、大学のキャンパス内で生まれ、広く社会へ還元される研究成果のことだ。

福岡に国立の九州大学があるように、シアトルにはワシントン州立のワシントン大学がある。英通信社ロイターが世界の主要大学をイノベーションでランキングしたところ、ワシントン大は二〇一七年に世界第七位で、公立大学としては世界第一位だ（第四章で触れたように九大も日本勢としては唯一ランク上昇）。ゲイツ財団からの多額の寄付で潤っているのが一因だろう。

高島はシアトル訪問を振り返り、「それまでは福岡の強みであるリバブルがビジネスチャンスにつながるという発想を持っていなかった。別物と考えていた。シアトルを訪ねて『見つけた！』と思った。目からうろこです。リバブルがビジネスの強みになるとわかったんです」と語る。

史上最年少市長の「スタートアップ都市」宣言

シアトル訪問からちょうど一年後の二〇一二年九月、高島は「スタートアップ都市・福岡」を宣言した。当時は「スタートアップ」という言葉は日本ではまだあまり浸透していなかった。それでもあえて「スタートアップ都市」をスローガンにしたのは、高島が新しい流れに敏感なアイデアマンだからだろう。

制度面では、第二次安倍政権が二〇一三年に創設した国家戦略特区が渡りに船となった。地域限定で大胆な規制緩和や税制優遇を認めて経済活性化を狙う政策であり、二〇一四年五月に全国六地域が国家戦略特区の指定を受けた。そのなかのひとつに福岡市が選ばれ、「グローバル創業・雇用創出特区」と位置づけられた。福岡の場合は「スタートアップ特区」と呼んでもいいかもしれない。

当初、地元経済界では不安が先行した。古い大企業の経営者のあいだで「なぜ、それが国家戦略になるんだ?」などと否定的な声が広がるのは仕方ないにしても、比較的若い世代からも「市役所は特区でわれわれにいったい何をしてくれるんだ？」といった疑問が出てきた。

数年で状況は一変した。高島は「スタートアップのイベントを開催すると、地元の大企業経営者も参加してくれるようになりました。社内の新規事業部で何かやるよりも、おもしろいスタートアップを見つけていち早く唾をつけるほうがいいんじゃないか、と考えるようになったんだと思います」と解説する。

「スタートアップ特区」指定とタイミングを合わせる形で福岡市が打ち出した目玉政策が二〇一四年一〇月にオープンした「スタートアップカフェ」だ。正確にはカフェというよりもカフェを核にした起業のエコシステムだ。

高島は若い市長だから若者の感性を理解できるのかもしれない。あるいはテレビアナウンサー出身だから市民目線でいられるのかもしれない。「若い起業家は堅苦しい市役所の窓口に行って公務員に相談しようなんて思わない」という彼の一言をきっかけにスタートアップカフェが生まれたのである。市内の繁華街に設けたおしゃれなカフェであれば、起業家をサポートするエコシステムの拠点になる——こんな考えが基盤になっている。

スタートアップカフェの場所は、福岡市最大の繁華街・天神《てんじん》にあるDVDレンタル

「TSUTAYA」店内（現在は同じ天神地区にある旧大名小学校校舎内）。一見すると雰囲気は仕事色を強めたスターバックスと変わらない。

ここに来れば起業支援のスタッフ「コンシェルジュ」がいつでも相談に乗ってくれる。「起業するときは何から始めればいいの？」「どうやってアイデアを見つけるの？」といった初歩的な質問でも大丈夫だ。起業に関するセミナーにも参加できる。

このほか、①電源とインターネットが完備された共同ワーキングスペースを利用できる、②起業に関する書籍を自由に閲覧できる、③福岡進出を考える外国人であれば英語対応してもらえる、④海外進出するときに現地の情報収集や施設利用などで支援してもらえる、⑤スタートアップ人材のマッチングサービスを受けられる──などの特徴がある。基本的にすべて無料だ。

スタートアップカフェは大成功だった。オープンしてから一年以内でスタッフが一三〇〇件以上の相談を受け、数百件のイベントに八〇〇〇人以上が参加した。相談件数は週末も含めて一日当たり三・五件。カフェを利用して実際に立ち上がったスタートアップは三六社に上った。「堅苦しい市役所の窓口」のままだったらありえない展開だ。

これを受けて、スタートアップカフェは全国的に広がる兆しを見せている。二〇一六年一〇月に関西大学の梅田《うめだ》キャンパス内に「スタートアップカフェ大阪」が誕生したのに続いて、二〇一七年一月には東京・丸の内に「スタートアップハブ東京（TOKYO創業ステーション）」がオープン。いずれも福岡の本家スタートアップカフェのコンセプトをまねている。

本家スタートアップカフェは二〇一七年四月に衣替えし、旧大名小学校校舎内へ移転。ここに官民協働型のスタートアップ施設「福岡グロースネクスト」が新たに誕生し、スタートアップカフェのほか各地に点在するインキュベーション（起業支援）施設も集約された。第三章で触れたように、福岡グロースネクストには九大起業部も入居している。

スタートアップビザで独走状態

「スタートアップ特区」指定を活用して高島が掲げた政策はスタートアップカフェにとどまらない。スタートアップビザやスタートアップ法人減税、スタートアップ奨学金もある。

たとえばスタートアップビザとは何か。外国人起業家の在留資格の要件を緩和して外国人による起業を促す政策だ。福岡市が国に提案して実現した特区制度である。

外国人が日本で起業するとなると、入国管理局へ申請する際に通常は①事務所を開設する、②常勤職員を二人以上雇用するか、五〇〇〇万円以上の資本金を用意する――といった要件を満たさなければならない。観光目的で入国してホテル滞在中の外国人にとっては、事務所契約だけでも簡単にいかないからハードルは高い。

スタートアップビザを取得すれば、これらの要件を満たしていなくても六カ月間は日本に滞在して起業の準備を進めることができる。高島は「スタートアップ都市」とともに「アジアのリーダー都市」も目指している。アジアから起業家を呼び込んでスタートアップを立ち上げてもらえれば、一石二鳥となる。

そんな起業家の一人が台湾出身のイアン・リャオだ。二〇一三年に台湾でゴルフのスマートフォン用アプリを開発するゴルフェイスを立ち上げ、二〇一七年五月に三六歳で初の海外拠点を福岡に設立。その際にスタートアップビザを利用して在留資格を得ている。

スタートアップカフェと同様にスタートアップビザも全国的に広がりつつある。二〇一五年一二月に福岡市が全国に先駆けて導入すると、それから二年間で東京都、広島県、新潟市、愛媛県今治《いまばり》市、愛知県、仙台市が追随した。

そのなかでパイオニアの福岡市は独走状態だ。仙台市に本社を置く河北新報が二〇一七年一一月下旬に各自治体に聞き取り調査をおこなったところ、申請数で見ると福岡市は三八人で最も多く、二番目の東京都（一九人）以下を大きく引き離している。三番目は愛知県（三人）、四番目は仙台市（二人）だ。

スタートアップビザの更新件数でも福岡市は先頭に位置する。同紙によると、同市でスタートアップビザを利用して六カ月間の滞在が認められた外国人のうち、六カ月後に事務所開設などの要件を満たしビザを更新した外国人は全国最多の一五人を記録している。

なぜなのか。スタートアップ支援制度が充実しているからだろう。ゴルフェイスのイアンも福岡進出の決定的理由としてスタートアップ支援制度を挙げている。福岡進出に際して福岡市庁舎内で記者会見し、次のように語っている（福岡市のサイトにある会見要旨から引用。読みやすくするために内容を一部編集）。

「一年前に事業をグローバル化させたいと考えていましたが、どの都市を選べばいいのかわかりませんでした。福岡市のスタートアップ支援制度を使って驚きました。市長がすばらしいスタッフを率いてわかりやすく説明してくれたのです。ここに安心して会社を置くことができると思いました」

イアンが言及したスタートアップ支援施設とはスタートアップカフェのことだ。じつは、スタートアップカフェを利用して起業した企業としてゴルフェイスはちょうど一〇〇社目。

そんなことから社長のイアンが福岡市の要請を受けて記者会見したのである。

井の中の蛙にはならない

「スタートアップ都市」宣言の経緯を見ればわかるように、高島は世界の動向をつねに注視している。そこから学び取り、危機感を失わないようにしている。何よりも恐れているのは「井の中の蛙《かわず》」になることなのだ。

「人口増加率にしても開業率にしても、福岡は国内主要都市のなかではナンバーワン。でもここで満足するつもりはさらさらないですね。日本の外に出れば危機感しかない。外を見ると中が見えてきます。つねに新しい発見があり、なぜ満足したらだめなのかわかるんです。だからいちだんとスピードを上げて、どんどんチャレンジしていきます」

そんな思いを新たにしたのが二〇一七年一二月上旬に中国南部最大の都市、広州《こうしゅう》市を訪れたときだ。米フォーチュン誌が広州で開催した国際会議「フォーチュン・グローバル・フォーラム」に参加し、フィナーレのイベントに圧倒された。一一八〇機のドローンによる編隊飛行ショーが夜空を彩ったのである。

一〇〇〇機以上のドローン編隊飛行はギネス世界記録にもなっており、中国産ドローン技術の結晶でもある。ライトアップされた広州タワーを背景に無数のドローンが整然と飛行し、夜空に光のイルミネーションをつくり出した。そこに現れた文字は「アイラブ広州」だった。

驚きなのは、ドローン編隊飛行はたった一台のコンピューターによって制御され、たった一人の人間によって操作されていたということだ。ドローンもコンピューターシステムも地元広州製。「ドローンタクシー」の開発で知られる広州のスタートアップ、イハンがコンピューターシステムの開発元だ。

フォーチュン・グローバル・フォーラムには米アップル最高経営責任者（CEO）のティム・クックや中国テンセント会長のポニー・マーをはじめ、世界のイノベーションをけん引するリーダーが多数集まっていた。高島は「広州は福岡の姉妹都市なんですが、イノベーションのスピードを見ると脅威を感じる」と話す。

百聞は一見に如《し》かず、と言われる。だから高島は就任以来一五〇日間も海外出張にあてているのだろう。二〇一七年までの二年間でアジアだけでも広州のほか台湾、シンガポール、ヤンゴン（ミャンマー）、蘇州《そしゅう》（中国）などを訪問している。アジア各地に直行便が飛ぶ福岡空港を最も活用している筆頭格は高島かもしれない。

対福投資を呼び込む「セールスマン市長」

もちろん世界の都市を見て学ぶのは重要だが、海外出張にはもっと大きな目的がある。市長として福岡の存在を世界にアピールし、対福投資を呼び込むことだ。

この点では高島は日本の自治体首長のなかで頭ひとつ抜けていると言っていいだろう。テレビアナウンサー出身らしくプレゼン力を生かし、抜群のセールスマンシップを発揮しているのだ。

シアトルが生んだグローバル企業アマゾンが福岡に拠点を設けたのも、高島のセールスマンシップが影響したのかもしれない。二〇一五年、同社傘下のＩＴ支援会社アマゾン・データ・サービス・ジャパン（東京）が福岡支社を開設した。同社の日本国内拠点は東京、大阪に次いで三番目だ。

「福岡の市長は若くてエネルギッシュ。英語もうまいし、スピーチにも説得力がある。一般にイメージする市長とは全然違う」——これは私が直接得た最初の高島評だ。情報源は私の妻だった。

二〇一三年一〇月、妻は間近で高島と接する機会を得ている。かつて会議通訳をしていた関係で、熊本市内で開かれた「アジア太平洋都市サミット（ＡＰＣＳ）」の第一一回会議で英語の司会を頼まれ、高島がスピーチしたり海外の市長と交流する姿を生で見たのである。

たしかに高島は「エル（l）」と「アール（r）」の使い分けも含めて英語で滑らかにスピーチできる。二〇一四年五月にロンドンで開かれた対日投資セミナーのビデオを見てみると、身ぶり手ぶりを入れて表情豊かに英語でスピーチ。同じセミナーで首相の安倍晋三《あべしんぞう》が逐次通訳を使っていたのとは対照的だった。

国際会議の場で日本人の存在感が乏しいのは長年の課題だ。スピーチでは原稿を棒読みするうえに、英語をまともに話せないとなったら、敬遠されてしまうのも仕方がない。最近は「英語力で見たら日本より中国や韓国、タイなどアジアの若者のほうがずっとうまい」という指摘が多い。

高島はテレビアナウンサーを長くやっていたから会話がうまいのは理解できる。私はテレビで彼の番組を見る機会はなかったが、二〇一八年一月中旬のインタビュー時ににこやかによどみなく話す姿を見て「やはりアナウンサーをやっていたから違う」と思った。質問を投げかければ間髪入れずにわかりやすく回答してもらえたので、限られた時間内でインタビューも効率的におこなえた。

だが、英語はどうやって学んだのだろうか？ 「英語は日本の学校教育で学びました。さも英語が上手《じょうず》なのかなと思わせているだけです（笑）。口の形とか舌の動きとかわかるから、ものまねの要領で英語をしゃべっています」。彼は「ものまね」と言うが、プロのアナウンサーをやっていたからこそ可能なスキルなのだろう。

海外に出て臆せずに英語でスピーチし、セールスマンになり切って対日投資を呼びかける自治体首長は日本にはあまりいない。高島以外では、エジプトのカイロ大学卒という経歴を持つ東京都知事、小池百合子《こいけゆりこ》くらいだろうか。

独断と偏見だが、小池は英語力で高島に勝《まさ》っているかもしれないが、プレゼン力では負けている。世界中で都市間競争はますます激しくなっている。そんななか、少なくとも日本のなかでは福岡は有利な立場にある。世界に向かって存在感をアピールできる「セールスマン市長」がいるからだ。

ダボス会議に招かれる唯一の日本人市長

それを如実に示しているのが、世界で最も有名な国際会議のひとつ「ダボス会議」である。ダボス会議に高島は二〇一八年まで二年連続で参加している。二〇一八年には広島県知事の湯崎英彦《ゆざきひでひこ》も初参加しているが、市長は高島だけだ。

高島は日本の自治体首長としては唯一、ダボス会議に連続で招かれている（過去に東京都知事や福島県知事も招かれているが連続ではない）。毎年夏に中国で開催される「サマーダボス会議」にも三年連続で参加。「常連になることで、参加者のあいだで福岡の名もだんだん知られるようになってきた」（高島）

ダボス会議とは、スイスに本部を置く世界経済フォーラムがアルプスのリゾート地ダボスで毎年開く国際会議のことだ。完全な招待制であり、ここに招かれるのは大変に名誉なこととされている。

何しろ、世界各国から国家元首や企業経営者、知識人ら二〇〇〇人以上のリーダーが一堂に会するのである。アルプスの雪景色を背景にした牧歌的な山村を舞台にしているだけに、独特のコントラストを醸し出している。

個人的にもダボス会議は思い出深い。私は一九九三〜一九九六年のチューリヒ駐在時代に記者としてダボス会議を毎年取材していたのだが、英語で印象的なプレゼンをできる日本人リーダーが皆無で、むなしい思いをしたものだ。プレゼンのうまい日本人市長が参加する時代が到来するとは想像もできなかった。

二〇一八年一月下旬のダボス会議では、日本人政治家としての高島に、いつも以上にスポットライトが当たったようだ。というのも、米大統領のドナルド・トランプをはじめ各国の元首が多数参加するなかで、日本からは首相や主要閣僚が国会日程に縛られて一人もこなかったからだ。

2018年1月、ダボス会議に参加中の高島宗一郎は
エストニア首相と急きょ会談

ダボス会議では高島は前年に続いて福岡の「水素リーダー都市」プロジェクトをアピールした。下水汚泥から水素を取り出して燃料電池自動車（FCV）に充填する水素ステーションは世界初の試みであり、関心が高いと考えているからだ（ちなみに九大は水素ステーション開発の一大拠点）。

事実、福岡の水素ステーションは海外メディアで取り上げられている。米ロサンゼルス・タイムズ紙は二〇一六年七月に「トイレを流してさあ充填しよう——日本は下水汚泥を使って水素カーを走らせようとしている」と題した記事を載せ、先進的な取り組みとして福岡の事例を紹介している。

会議開催中、高島はエストニア首相のユリ・ラタスから急きょ声をかけられて緊急会談に臨み、スタートアップ支援での連携などを進めていく考えで一致。バルト三国のひとつであるエストニアは「マイナンバー制度のお手本」と言われ、ネット電話「スカイプ」を生み出すなどIT先進国として知られている。

高島のブログによると、ラタスとの会談中、すぐ横を英首相のテリーザ・メイや中国アリババ会長のジャック・マーら有力者が普通に歩いていたそうだ。会談用の部屋が満室で予約できなかったことから、会場内のオープンスペースを使ってラタスと会っていたためだ。

世界から称賛された道路陥没事故の対応

市長が世界に向けて発信するのは重要だ。それが投資を呼び込んで成長につながるからだ。だが、有権者である市民に向けて発信するのはそれ以上に重要である。危機のときであればなおさらだ。ここでも高島は自分の株を上げている。

危機対応として高い評価を得たのは、二〇一六年一一月八日にJR博多駅前で起きた大規模な道路陥没事故のときだ。およそ三〇メートル四方、深さ一五メートルにわたって道路が陥没するほどの事故であったのに、けが人がゼロだったうえに一週間余りで道路が復旧したのである。

国内はもとより海外からも称賛が相次いだ。英ガーディアン紙は「日本の巨大道路陥没、一週間で復旧」と題した記事のなかで、「日本が誇る職人芸と効率性をいかんなく発揮した。工事担当者は二四時間体制で働いて巨大な穴をたったの二日で埋めてしまった」と伝えている。

一週間余りで復旧した様子を数分にまとめたビデオも世界的に拡散した。動画サイトのユーチューブ上は「イギリスだったら道路の小さな穴を埋めるだけで一年はかかる」「日本のように対応できる国が世界にたくさんあればいいのに」といった書き込みであふれていた。

とくに注目を集めたのは、高島が市長個人としてソーシャルメディアを使いこなし、市民に向けて迅速に情報発信していた点だ。みずから専門家に質問して回答を得ると、重要と思われる情報をフェイスブックなどで直ちに共有していたのである。元横浜市長の中田《なかだ》宏《ひろし》はブログのなかで、「市長経験者としてささやかながら感動しました」と書いている。

たとえば事故が起きた当日に高島は「『安心』については、私も技術面は詳しくないので、私からの質問に対策本部の工事担当者から答えて頂いた内容を皆さんと共有します」としたうえで、フェイスブックに次のように投稿している。

質問：穴に溜《た》まった水は抜かないのか？　回答：水は抜いてはだめ。逆に地下水レベルまで水が溜まったので地盤が安定した。土砂崩れは穴が開いた部分と周りの地下水を含んだ土のレベルが違うので土砂の移動がおきる。陥没事故対応の基本は水を入れること、とのこと。

一問一答はさらに続き、最後に「以上が私が現場の対策本部で聞いた最新の話です。同じ疑問を持つ方もいらっしゃると思いますので情報を共有します」と記している。スピーディーに発信しているだけでなく、アナウンサー出身らしく易しい言葉で要点だけをかいつまんで伝えているのも特徴的だ。仮に部下に公式な文書を書かせていたらこうはならなかっただろう。

半年後の二〇一七年五月、中国東部の蘇州で開かれた「世界都市サミット」でも道路陥没事故が話題になった。同サミットでは高島は他国の市長数人といっしょに発表をおこない、その後に自由討論に入った。すると質問は高島に集中した。誰もが道路陥没事故時の危機対応について知りたがっていた。

政治家になるためにアナウンサーになる

テレビで知名度を上げて政治家へ転身する人は多い。自治体首長も例外ではない。近年では橋下徹《はしもととおる》と東国原英夫《ひがしこくばるひでお》がいる。前者は弁護士を振り出しにして大阪府知事・大阪市長に、後者はお笑い芸人を振り出しにして宮崎県知事になった。二人ともすでに辞めているが、全国的な存在感を出した自治体トップとして記憶に新しい。

テレビで知名度を上げてから政治家に転じた意味では高島も同じだが、計画性という点では異なるかもしれない。何しろ、アナウンサーをやっていたらたまたま政治家になりたくなったのではなく、最初から政治家になるためにアナウンサーになったのである。

高島が政治家を志すことになった原点は何だったのか。プロレスラーのアントニオ猪木《いのき》である。

大分県大分市で生まれ育った高島はプロレス大好き少年だった。高校生になって猪木の著書『たった一人の闘争』（集英社刊、以下『闘争』）を読んだのも、プロレス本として何が書いてあるのか興味を持ったからだ。

ところが、『闘争』はプロレス本ではなく政治本だった。湾岸危機のさなかの一九九〇年、参議院議員だった猪木は日本人人質を救出するためにイラクを電撃的に訪問。そのときの体験をまとめて『闘争』という本にしたのである。

この本を読んだのをきっかけに、高島は中東問題に傾斜するようになった。獨協《どっきょう》大学に入学すると「日本中東学生会議」という団体の立ち上げに参加し、外務省と連携しながら日本と中東の学生交流を図る活動に注力。そんなことから、在学中に中東を訪問することができた。

とくに印象に残ったのはパレスチナだった。第二次大戦後にイスラエルが建国され、多くのパレスチナ人が故郷を追われて難民になった。高島は当時のパレスチナ訪問を振り返って次のように語る。

「国家とは何か深く考えるようになりました。パレスチナで国家を持たない人たちに出会ったのです。国家に守られている日本で生まれたことをありがたく思うと同時に、国家を守るために政治家になろうと考え始めました」

政治家になるには選挙に勝たなければならない。利益団体など組織票に頼って選挙を戦う方法もあるが、当選後にはしがらみを断ち切るのが難しくなる。このようなやり方に高島は興味を持てなかった。

組織票に頼らずに選挙に勝つためにはアナウンサーになって知名度を上げればいい――このように高島は考えた。父が大分放送のアナウンサーであったこともあり、アナウンサーという職業をイメージしやすかったことも影響したようだ。

一九九七年に念願のテレビ局に入社できた。父の故郷でもある福岡にある放送局、九州朝日放送（KBC）だ。

テレビ局時代は充実していた。朝のワイドショーや環境番組のキャスターを務めたほか、大好きなプロレスの実況中継を担当するチャンスまで与えられた。人気を得るにつれてアウトプットに比べてインプットが少ないと感じるようになり、二〇〇九年には社会人枠で九大大学院に入って政治の勉強も始めた。文字どおりフル回転だ。

そんなときに自民党から声をかけられた。「福岡市の市長選に出てほしい」。それまで自分の将来についてはもっぱら国会議員をイメージしていた。だが、「これも何かの運命ではないか」と感じた。

当時の地方政治の状況を見回して勇気づけられもした。大阪府知事の橋下と宮崎県知事の東国原の二人が改革に進む姿を見て、「それぞれの地方が独自に輝くことで日本全体がどんどんよくなっていく。自分が福岡の地方局でアナウンサーになった意味もここにある」と思ったのである。

数十年前のシアトルか

「日本のシアトル」を目指して精力的に行動する高島。もっとも、アナウンサーの経験を生かしてどんなにセールスマンシップを発揮しても、福岡がそれに見合う魅力を備えていなければ空振りに終わってしまう。

福岡は足元ではイノベーションという基準でシアトルに全然及ばない。世界を変えるほどのイノベーションを起こしたアマゾンやマイクロソフト、スターバックス級の企業が現れていないからだ。

それでも数十年前のシアトルのポジションにあるとは言えないだろうか？　高島の回答はこうだ。

「シアトルのどの部分を切り取るかによりますね。スタートアップを見ればユニコーンは出ていない。そういう意味では、登らなければならない山があるとすれば、いまのところ裾野付近にいるだけ。ただし、リバブルとか食文化とかという面ではすでにシアトルに匹敵しています」

ここに出てくる「ユニコーン」とは、時価で評価した企業価値が一〇億ドル（一ドル＝一一〇円で一一〇〇億円）以上のスタートアップのことを指す。IPO（新規株式公開）をおこなえば、少なくとも株式時価総額が一〇億ドル以上になるスタートアップと考えてもいい。

米ベンチャーキャピタリストのアイリーン・リーが企業価値一〇億ドル以上の株式未公開企業を一角獣の「ユニコーン」と命名したのが二〇一三年一一月。「見つけるのが難しい」という意味でユニコーンという言葉を使ったのだが、数年のうちにユニコーンはもちろん十角獣の「デカコーン」（一〇〇億ドル以上）を見つけるのも容易になっている。

世界のスタートアップを見ると、アメリカが圧倒的存在だ。米調査会社CBインサイツが調べたところによると、二〇一七年九月時点のユニコーンは全世界で二一四社（合計企業価値は七四五〇億ドル）存在する。このうちざっと半分がアメリカ企業で、最大は配車サービスのウーバー・テクノロジーズだ。

ただし、中国企業が急ピッチで追い上げている。非アメリカ企業のうちじつに半分以上は中国企業（五五社）である。最大は配車サービスで中国市場を独占している滴滴出行《ディディチューシン》。中国企業に続いてインド企業、イギリス企業、ドイツ企業の順番でユニコーンが多い。

日本唯一のユニコーンが福岡に拠点

日本企業はどうなっているのか。一社だけである。フリーマーケットアプリを運営するメルカリだ。二〇一八年になって日本経済新聞が「メルカリ、六月上場で調整」と報じ、同社の時価総額が二〇〇〇億円を超える可能性を指摘している。

世界を見渡すと、スタートアップ育成競争で日本は大きく立ち遅れているわけだ。日本国内で地方都市が東京と張り合って競争している場合ではないということだ。だからこそ高島はつねに海外動向を注視しつつ「井の中の蛙で満足してはいけない」と肝に銘じているのである。

そんな思いが通じたのだろうか、二〇一七年二月には国内IT四社が福岡市内で共同記者会見し、福岡進出を発表した。高島も同席し「バレンタインデーに私の思いに応えてくれました。大変うれしく思います」と歓迎のあいさつ。発表日は二月一四日だったのであ

メルカリ、ピクシブ、アカツキ、さくらインターネットの新興IT企業4社の代表が
福岡進出を発表し、高島宗一郎市長(中央)とともに記者会見(2017年2月14日)

る。

注目すべきは、四社のなかにメルカリも含まれていたということだ。同社が福岡市内に設けるカスタマーサポートセンターは東京、仙台に続いて国内三番目の拠点となる。福岡にユニコーンは誕生していないとはいえ、少なくとも日本唯一のユニコーンが福岡を重視しているということだ。

じつは、以前にもユニコーンが福岡に進出したことがある。二〇一五年二月、アメリカ最大のユニコーンであるウーバーが市内で「ライドシェア」の実験をスタート。イノベーションへの理解がある改革派市長に期待をかけたようだ。ところが、翌月に早くも国土交通省から「白タク」行為を理由に待ったをかけられた。

さて、もともとはシアトルのスタートアップだったマイクロソフトとアマゾン。前者がシアトルに本社を移したのが一九七九年、後者がシアトルで創業したのが一九九四年である。二〇一八年二月一四日、アマゾンは時価総額でマイクロソフトを初めて追い抜いた（時価総額七〇〇〇億ドル、一ドル＝一一〇円で七七兆円）。シアトルで創業してから二四年たっている。

現在の福岡で生まれたスタートアップが二四年後の福岡でアマゾン級の企業に成長しているかどうか。それは誰にも予言できない。ひとつ言えるのは、高島が「日本のシアトル」を目指して「スタートアップ都市」を宣言したことで、福岡には少なくとも変化の兆しがはっきり芽生えているということだ。

第六章 多様化がすごい――「人種のるつぼ」の可能性

移民起業家を成長エンジンにする

なぜシリコンバレーがITの一大拠点になれたのだろうか。大きな要因のひとつはグローバル性・多様性だ。世界中からベスト・アンド・ブライテスト（超一流人材）を引き寄せ、成長のエンジンにしたのである。

起業家を見れば一目瞭然だ。移民はいくらでもいる。移民がシリコンバレーのイノベーションをけん引してきたと言っても過言ではない。

移民起業家の成功例としてよく語られるのは、検索エンジンでネット時代の覇者になったグーグルの共同創業者セルゲイ・ブリンだ。旧ソ連時代のモスクワ生まれで、ユダヤ系への迫害を逃れるために家族といっしょに六歳のときにアメリカへ移住している。

近年でいちばん目立っているのはイーロン・マスクだろう。オンライン決済のペイパルや電気自動車のテスラ・モーターズ、宇宙開発のスペースXなどの創業で知られている。南アフリカ生まれで、三一歳になった二〇〇二年にアメリカ国籍を取得している。

古くは半導体大手インテルの最高経営責任者（CEO）を務め、名経営者として鳴らしたアンディ・グローブが代表格だ。ハンガリー難民として二〇歳でアメリカへ移住し、一九九七年には米タイム誌の「今年の人（パーソン・オブ・ザ・イヤー）」に選ばれている。

そんな背景があるから、シリコンバレーでは大統領ドナルド・トランプに対する反発はすさまじい。彼は反移民をスローガンにして二〇一六年の大統領選挙に勝ち、大統領就任後に実際に反移民政策を矢継ぎ早に発動。「移民規制による雇用確保」を名目にしている。

たとえば、バラク・オバマ政権末期に導入が決まった「スタートアップビザ」。二〇一七年七月の施行直前になって国土安全保障省（DHS）から待ったをかけられた。トランプ政権の意向を受けた動きで、導入そのものも取りやめになる可能性が出てきた。

スタートアップビザの正式名称は「国際起業家ルール（IER）」で、外国人起業家の受け入れによる競争力アップを狙いにしている。外国人であってもベンチャーキャピタルから二五万ドル（一ドル＝一一〇円換算で二七五〇万円）を調達するなど一定の条件を満たせば、ビザなしで最長三〇カ月の滞在許可（更新可能）を得られるのが特徴だ。

シリコンバレーを中心にIT業界関係者はいっせいに反発。アメリカ・オンライン（AOL）創業者でベンチャーキャピタリストのスティーブ・ケースはツイッターに投稿し、「移民起業家は雇用創出に大きく貢献している。雇用を奪っているなんて大間違い。移民起業家を締め出せば、雇用の海外流出を招く」と主張している。

ケースの主張はデータで裏づけられている。前章でも取り上げたユニコーン（企業価値が一〇億ドル以上のスタートアップ）を見てみよう。米国政策財団（NFAP）が調査対象にしたユニコーン八七社のうち、じつに半分以上の四四社は移民起業家によって創業されており、一社当たり平均で七六〇人の米国人を雇用している。

九大で博士号を取れたら永住権付与？

福岡市が「日本のシリコンバレー」「日本のシアトル」を目指すのであれば、グローバル性・多様性に前向きに取り組む必要がある。アジアを中心に世界中からベスト・アンド・ブライテストを取り込み、成長につなげるわけだ。

第四章で取り上げた九州大学発スタートアップの雄、Kyulux（キューラックス）は二〇一五年の創業時から世界に目を向けてグローバル企業を目指している。同社のウェブサイトが日本語ではなく英語で書かれているのもそのためだ。

社員の構成を見ると文字どおりグローバルだ。二〇一七年九月時点で全体の社員数は四〇人で、このうち外国人は一四人。つまり三五％が外国人だ。出身地はアメリカ、韓国、スペイン、台湾、香港、チリと多様だ。

なかでも注目株は台湾出身の若者だ。国立台湾大学で博士号を取得し、もともとは幹部候補としてTSMC（台湾積体電路製造）に内定していた。国立台湾大は台湾の最高学府であるいっぽうで、TSMCは半導体受託生産の世界最大手でアップルの主要サプライヤーだから、エリート街道まっしぐらだった。にもかかわらず、TSMCを断ってKyuluxを就職先に選んだのである。

国立台湾大の指導教授が「TSMCよりもKyuluxがおもしろそうでいいんじゃないか」とアドバイスした結果である。Kyulux共同創業者の一人である水口啓は「世界初のベンチャーをいっしょにやろうと訴えれば、優秀な人材は国境を越えてやってくる。仕事がおもしろければ、どこで働こうと関係ない」と言う。

「福岡にもっと移民がやってきて日本人とぶつかり合う。九大と地元も交えて触発し合って『新しいことをやろう』と意気投合する。そうなったら数十年後に、ここにミニシリコンバレーが生まれているかもしれない。そのときは日本国内のマーケットなんかもう眼中にない。グローバルな話にしか興味を持たないでしょう」

Kyuluxの生みの親で九大教授の安達千波矢も同意見だ。世界中から優秀な人材を結集させることで、九大を核にしてシリコンバレーに匹敵する地域を誕生させる未来を夢見ている。「結局のところ、成功するかどうかは人で決まる。最新鋭の装置があるかどうかは二の次です。優秀な人さえ集まれば自然と成功します」

安達は「ファースト・フー（まず人選ありき）」のことを言っているのだろうか。世界的ベストセラーの『ビジョナリーカンパニー』（邦訳版は日経BP社刊）シリーズで知られる米経営学者ジム・コリンズが唱える原則のことだ。適材をバスに乗せて適所に座らせ、不適材をバスから降ろして行き先を決めれば、おのずと成功するという意味だ。

私はコリンズには何度かインタビューし、彼の著書を翻訳したこともあるのだが、必ず出てくる比喩が登山だった。ロッククライミングを趣味にしているからだ。インタビューで次のように語ったことがある。

「登山の準備項目をリストアップすれば、長いリストになるでしょう。でも、リストの最初に置くべき項目は明らかです。強力な登山隊の編成です。登山にはさまざまなリスクが伴います。いざというときに最も頼りになるのが、同じ登山隊に所属し、信頼できて能力もある隊員です」

世界中からベスト・アンド・ブライテストを集めるにはどうしたらいいのか。安達は大胆な提案をする。「九大の周辺に小学校、中学校、高校があるけれども、全部英語で教育するというのはどうでしょうか。そのくらい大胆なことをして外国人が住みやすい街にしてしまうわけです。九大で博士号を取れたら自動的に永住権を与えてしまうのもいいかも」

外国人人口の伸び率で全国首位

福岡はシリコンバレーに比べたらグローバル性と多様性で劣っている。それでも日本国内で見れば健闘しており、「アジアの玄関口」としてのポテンシャルを示している。

たとえば外国人人口だ。絶対数では東京や大阪に圧倒されているとはいえ、伸び率で見ると違う姿が浮かび上がる。

二〇一五年までの一〇年間を見てみよう。法務省在留外国人統計と福岡市住民基本台帳によると、二〇〇五年を一〇〇とすると福岡市は一五〇。東京都区部（一二七）や名古屋市（一一二）を上回り、二一大都市（政令指定都市と東京都区部）のなかで首位だ。

外国人留学生でも目立っている。都道府県別のデータになるが、独立行政法人の日本学生支援機構によると、二〇一七年時点で外国人留学生は福岡で一万七〇〇〇人以上に達している。東京（一〇万人以上）、大阪（二万一〇〇〇人以上）に次いで第三位だ。

私自身も福岡に住むようになって地方都市・福岡のグローバル性を実感した。

第一章でも書いたように、二〇一三年春に福岡に引っ越して最初に直面した大きな問題のひとつは、三人の子どもたちの日本語だった。新小学五年生の長女はなんとなくひらがなを覚えていたからまだしも、新小学三年生の長男はお手上げだった。言葉に関するかぎりは事実上の外国人だった。

小学校に行って相談したら「それは困りましたね」といった反応をされるのではないか——こんな不安を当初持った。実際には杞憂だった。教頭といっしょに対応してくれた校長は驚いた表情も見せずに、「大丈夫です。子どもだからすぐに慣れますよ。それに日本語指導員を手配しますから」と言ったのである。

間もなくして長女と長男に一人ずつ日本語指導員が割り当てられ、二人は半年間にわたって外国人と同じ扱いで個別指導してもらえた。おかげで最初のうちは「学校に行きたくない！　教科書を開くだけであとはずっと座っているだけ！」とぼやいていた長男も、登校拒否にならずに無事に学校になじむことができた。

これほどスピーディーに対応できるのはなぜなのか。校長に聞いてみたところ、外国人の子どもは珍しくなく、すぐ近くには外国人児童の割合が三割に達する小学校もあるということだった。あとでわかったのだが、福岡市東区の城浜《しろはま》団地地区にある城浜小学校のことだった。

これを聞いて私は腑に落ちると同時に驚いた。全国有数の韓国人街がある東京・新宿での話ならともかく、一地方都市にある普通の地域コミュニティーでの話をしていたのである。ここがこんなにグローバル化しているとは、まったく想像していなかった。

以来、東京から訪ねてくる友人に対しては「福岡はとてもグローバル。すぐそこにある小学校でも外国人の子どもが全体の三割なんだから」と話したものだ。たいていは「本当なの？」といった驚きの反応をされた。ただし、また聞きで話をしていただけで、城浜小学校を自分の目で見たことはなかった。

三割が外国人の小学校

あれから四年以上たった二〇一七年の暮れ、私は初めて城浜小学校を訪れた。それまでに見た小学校と比べると、校舎の雰囲気は明らかに違った。校長室や職員室などの案内がすべて四カ国語で書かれているのだ。日本語、英語、ハングル語、中国語である。

ここでは全校児童一〇〇人余りのうち三〇人近くが外国籍だ。バングラデシュ、中国、インドネシア、エジプト、モロッコ、リビア、ベトナム――。二〇一六年春に城浜小学校校長に着任した中島健次《なかしまけんじ》は「イスラム系の子どもがとくに多いですね。近くにモスクがあり、毎週金曜日の給食時間にはみんなで礼拝に行っています」と語る。

なぜ外国籍の子どもが多いのか。最大の要因は海外からの留学生である。とくに九大留学生が多い。留学生にとって手ごろな家賃の団地に加えて、九大の留学生会館（国際交流会館／インターナショナルレジデンス）が近くにあるためだ。

そもそも九大へ留学している外国人は多い。日本学生支援機構によれば留学生数は二〇一七年時点で二二〇〇人以上だ。留学生数の多さでは旧帝国大学のなかで東京大学（三六〇〇人強）には及ばないながらも、大阪大学（二二〇〇人以上）と並んで二番手に付けている。

留学生と聞いて学部生をイメージしたら見誤る。多くは二〇代から三〇代の大学院生であり、家族で日本に来ている。地元の学校が留学生の子どもたちを一手に引き受けるため、一見するとインターナショナルスクールのような環境が地元コミュニティーに生まれるのである。

校長の中島は「これまで市内の小学校へあちこち行ったけれども、これほど国際色豊かな小学校は初めて」と言う。

当然ながら言葉の問題にぶつかる。あいさつ程度ならばまだしも、入学時の事務手続き

城浜小学校内の看板は4カ国語で書かれている

となると専門用語を使わなければならない。そんなときには福岡市に通訳の派遣を依頼する。「市は本物の通訳を無料で派遣してくれる。これにはびっくりした」

運動会はまるでオリンピック

中島がもっとびっくりしたのは、同じ城浜団地地区にある城浜保育園の運動会だ。入場行進がまるでオリンピックだったからだ（城浜保育園の運動会は園庭が手狭であるため城浜小学校でおこなわれる）。園児が年齢別ではなく国籍別に分かれ、自国のプラカードと国旗を掲げて、自国の民族衣装を身にまとって入場してきたのである。

中島は「オリンピックのような入場に驚きま

したが、司会にも驚きました。専門の通訳がいたのです。市から派遣された通訳ではなく保育園スタッフの通訳です。公立小学校ではありえません」と語る。城浜保育園は私立の認可保育園なのだ。

イスラム教園児のための給食

取材に訪れて初めてわかったのだが、城浜保育園はいわば「草の根グローバル化」活動のお手本とも呼べるような存在だ。園長を務める増本律秀《ますもとのりひで》のリーダーシップのもとで、本家インターナショナルスクールに匹敵する環境を築き上げているのである。

私は二〇一七年暮れに城浜保育園の園内を見学する機会を得て、「本当にインターナショナルスクールみたいだな」と思った。多様な国籍の子どもたちが仲よく遊んだり、いっしょに食事したりしているのである。エジプトからやってきた六歳児に話しかけてみた。

「日本語はわかる？」

「ちょっとだけなら大丈夫」

「どこからきたの？」

「エジプトだよ。この子はスリランカ。そしてこの子は中国」

二〇一七年一一月時点で、園児二二九人のうち、ざっと四割が外国籍だ。日本に帰化した園児も含めると全体の五割は外国にルーツを持つ子どもたちになる。出身国は多様で一六カ国に及ぶ。城浜小学校と同様に大半は留学生の子どもであり、最近では中国人ビジネスマンの子どもも増えている（ただし、九大キャンパスの移転に伴って外国籍の子どもの数は徐々に減っていく見通し）。

増本がとくに力を入れているのは異なる食文化への対応だ。イスラム圏では宗教上の理由で食べられるものと食べられないものが厳格に分けられている。同じイスラム教徒でも「肉はすべてだめ」「豚肉だけだめ」「牛肉だけだめ」などさまざまだ。

イスラム圏の子どもたちのニーズにきちんと応えると大変な作業になる。豚肉のしょうが焼きであれば、それとは別に厚揚げのしょうが焼きをつくる、鶏のから揚げであればそれとは別に魚のから揚げをつくる、牛豚肉の合いびきを使ったハンバーグであればそれとは別に魚のすり身・海老のすり身・豆腐を使ったハンバーグをつくる――こんな具合だ。「肉の代わりに大豆を入れて同じタンパク質が得られるように工夫している」（増本）

これだけではない。城浜保育園は調味料までこまめに対処している。肉のエキスが使われているコンソメや中華スープの素は避けなければならない。鶏がらスープを使う料理であれば、かつおだし・煮干しだし・昆布だしなど和風だしで代用する。日本酒やワイン、みりんなどアルコール類も調味料として、いっさい使用禁止だ。

毎日同じキッチンで事実上違う料理をふたつつくらなければならないということだ。いったいどのように対処しているのだろうか。二〇一四年に園舎を建て替えたのに合わせて多額の投資をおこない、キッチンを大改造して大鍋をふたつ用意したのである。

英語専任のスタッフを雇う保育園

草の根グローバル化投資はこれにとどまらない。二〇一四年に英語専任の常勤スタッフを一人雇っている。だからこそ運動会ではスタッフによる英語の司会も可能になったのだ。

それ以前は、外国人保護者への連絡に際しては自動翻訳アプリを使うなどで英語のプリントを用意していた。ところが、きちんと英語に訳されていないケースがあり、トラブルが相次いだ。日本語がわからない保護者が急用で職員室に飛び込んできても、こまかなニュアンスが伝わらずに困ることもあった。

留学生の保護者からこんな声も聞こえてきた。「うちはいずれ国に帰るから母国語と英語をしっかり教えておきたい。保育園でも英語に触れるようにしてもらえるとありがたい」。実際、外国籍の子どもたちは英語の時間になると生きいきとして、「先生よりも英語上手だよ」などとうれしそうに語ることが多い。

そもそも行政から言われたわけでもないのに、増本はなぜ、これほどまでに草の根レベルの国際交流に積極的なのか。数十年前の中学生時代に体験したホームステイが原点にあるようだ。

ホームステイ先はアメリカ西海岸オレゴン州のド田舎だった。増本はここでカルチャーショックを受けた。地平線が見渡せるほど広大な小麦畑を所有する農家に一カ月間滞在し、「あまりにも刺激的でおもしろくて、日本に帰りたくなくなった」。片言の英語しか話せなかったけれども、まったく苦にならなかった。

そこは遊びの宝庫だったのだ。敷地内に流れる川で釣りなどを楽しんだばかりか、仕事のために車とオートバイも運転したのである。中学生で免許を持っていなくても、敷地内だから運転しても大丈夫。農家の子どもたちを見て「こいつらすごい。小さいころから車を運転して育っているなんて」と思った。

銀行マン出身の増本は「アメリカでの体験は強烈だったので、中学生ながら黒人差別の歴史などに強い関心を抱くようになった」としたうえで、こう語る。

「日本に戻って自分が外国人を受け入れる立場になったら絶対に外国人を排除しない――こう思いましたね。これから国際化の時代だから、小さいころからできるだけ外国人と接したほうがいい。そうしたら抵抗感がなくなります」

第三章で紹介した台湾出身の起業家で九大卒業生のロバート・ファンを思い出してほしい。彼の寄付によって九大に起業家教育プログラムが立ち上がり、そこから若い起業家が誕生しつつある。要は、外国からやってきた九大留学生が日本ファンになって母国で大成功したら、「恩返しのために九大に寄付しよう」と思う可能性があるのだ。

増本は直接的には九大とはなんの関係もないとはいえ、多くの九大留学生の子どもたちを受け入れている。「子育て環境は最高で日本に留学してよかった」と感じるような日本ファンづくりに貢献しているのだとしたら、九大から感謝状をもらってもいいのではないか。

世界の子どもたちが毎年福岡でホームステイ

増本が自分の保育園を舞台にして個人的意志で草の根グローバル化に取り組んでいるの

ならば、「アジア太平洋こども会議・イン福岡（ＡＰＣＣ）」は多数のボランティアを結集して大規模に草の根グローバル化を進めている。毎年夏に世界三〇カ国・地域以上から二〇〇人以上の子どもを「子ども大使」として呼び、福岡でホームステイしてもらう国際交流活動を長らく続けているのだ。

私がＡＰＣＣを初めて知ったのは二〇一四年になって案内をもらったときだ。「世界中から子ども大使が福岡へやって来ます。子ども大使は一一歳。ホストファミリーになってみませんか」――こんな内容だった。

すぐに「いいかもしれない」と思った。長女はちょうど一一歳だったし、福岡に引っ越してからはあまり英語を使っていなかった。ホストファミリーになれば子ども大使と一週間ほど活動を共にし、英語を使って日本を案内することになる。夏休みのいい思い出になるのではないか、と考えた。長女に聞いてみると「やってみる」。

ＡＰＣＣに申し込むと、さっそく準備が始まった。同じ小学校でホストファミリーになる家族と何度か集まって情報交換したり、ホストファミリーが一堂に会する全体ミーティングに参加したりした。行政側はノータッチであり、すべて市民ベースのボランティアで成り立っているということを肌で感じた（福岡市など公的機関から助成金は出ている）。

わが家では「いったいどこの国からどんな女の子がやって来るんだろう」とわくわくしながら子ども大使の到着を待った。ふたを開けてみると、わが家の子ども大使は南太平洋に浮かぶクック諸島出身のジョーデインだった。小麦色に日焼けしてすらりとした女の子でニュージーランド国籍。英語を話せる。

小学校が夏休み入りする直前の一週間、ジョーデインはわが家で家族の一員になって過ごした。「くら寿司」で回転寿司の夕食、日本が誇る「食品サンプル」づくり体験、新幹線に乗ってミニ旅行、夜の海辺に行って花火遊び――。地元小学校に「体験入学」して日本の子どもたちといっしょに学んだり食べたりする機会もあった。

じつは、ジョーデインはわが家にくる直前の交流キャンプでホームシックになり、ボランティアの人たちが心配していた。わが家にきてからも最初のうちは日本食に手をつけられないうえ、「学校に行きたくない」と言って、一人で部屋に閉じこもっていた。

だが、一週間過ごすうちにすっかり元気になった。食事についても近所のマクドナルドに行ったら「おいしい！」を連発してハンバーガーをぺろりと食べた。最後は別れを惜しむようにして福岡空港を飛び立っていった。帰国後、彼女の家族とはフェイスブックでつながった。

多様化を生み出した「開けっ広げな気質」

ＡＰＣＣは一九八九年、福岡市制施行一〇〇周年の記念事業「よかトピア」に参加する形でスタートしている。一回目はメールがないのはもちろん、自宅にファクスを設置するのも珍しかった時代だ。福岡青年会議所が活躍し、世界中から一〇〇〇人以上の子ども（日本国内からの三〇〇人含む）を招待するという快挙を成し遂げた。

大変な作業だっただけに一回で終わるはずだった。ところが「来年もやってほしい」という要望を受けて継続となり、二〇〇二年にはＮＰＯ（民間非営利団体）へ衣替えした。結局、二〇一八年で三〇周年を迎えるほど長期の草の根国際交流事業となっている。

ＡＰＣＣをまねようとする自治体は多いようだ。事実、ＡＰＣＣ事務局長の木本香苗《きもとかなえ》は「どうしたらやれるのか？」などと問い合わせを受けることが多い。だが、概要を説明すると、多くの場合「そうなんですか。うちではちょっと無理ですね」といった反応をされるという。

木本は「過去の積み重ねがないと、これだけの数の子どもとホストファミリーを毎年集めるのは容易ではありません」と語る。ボランティアも必要だ。ＡＰＣＣでは毎年コンスタントに五〇〇～六〇〇人のボランティアに協力してもらっている。そんなことから、一回だけAPCCをまねて終わりにしてしまうような自治体もあるという。

ボランティアはどんな思いでやっているのか。六年連続でボランティアを引き受けている國廣《くにひろ》あさみは「ホストファミリーを始めたのがきっかけです。いろんな子どもたちを出迎えるのは楽しい。いまはもうルーティンですね」と話す。子ども大使の入国時にはホストファミリーの子どもたちがつくった「ウェルカムフラッグ」を持って空港に出向くという。

小学校の協力も欠かせない。子ども大使が小学校で数日間でも「体験入学」できれば、日本の子どもたちと触れ合う機会が一気に増える。だが、学校側にしてみれば義務ではなく、校長が「余計なことはやりたくない」と思えば何もやる必要はない。二〇一七年の夏時点で市内一四四校のうち二七校が子ども大使を受け入れている。

福岡では、なぜ毎年多くのホストファミリーやボランティア、小学校が手を挙げて草の根グローバル化に協力してくれるのだろうか。二〇年以上もAPCCスタッフとしてホストファミリーやボランティアと接してきた木本は「くる者は拒まずという、開けっ広げな気質がここにあるのではないかと思います。福岡の前には広島や神戸に住んでいましたけれども、全然違います」とみている。

世界に広がる「福岡ファン」のネットワーク

三〇年間も続いた結果、ＡＰＣＣを通じて福岡でホームステイを経験した子ども大使の数は累計で一万人を超えている（子ども大使経験者「ピース大使」としてホームステイした青年を含む）。ここから無数の日本ファン（あるいは福岡ファン）が生まれている。

その受け皿になっているのが一九九八年発足の同窓会組織「ブリッジクラブ」だ。いまでは世界数十カ国・地域にブリッジクラブが立ち上がり、福岡を軸にした世界的ネットワークができあがっている。

二〇一七年九月には「ブリッジクラブ台湾」の行動が地元紙の西日本新聞でニュースとして取り上げられた。九州豪雨の被災地支援のため「ブリッジクラブ台湾」のメンバーが福岡市役所を訪れ、義援金三万六〇〇〇円を福岡市役所で手渡したのである。義援金はフェイスブックを使ってメンバーから募ったという。

子ども大使として大の日本ファンになった代表例がネパール人のカルナ・シュレスタだ。一回目の子ども大使として一九八九年に福岡県宗像《むなかた》市でホームステイしている。

ホームステイ先で当初、シュレスタは戸惑った。日本語を理解できなかったばかりか、日本食もまったく食べられなかったからだ。すると、ホストファミリーはネパール語の辞書を片手に身ぶり手ぶりで話しかけてくれ、さらにはネパールレストランに連れて行ってくれた。「日本ファンになったのはホストファミリーのおかげ」

それから一〇年後にシュレスタは母国で「ブリッジクラブネパール」を立ち上げ、いまではAPCC事務局でスタッフとして働いている。「福岡に移り住んでブリッジクラブの国際化活動に取り組みたい」という思いを強めたからだ。二〇一六年にネパールで結婚式を挙げた際には、ホストファミリーも日本からお祝いに駆けつけてくれた。

「人種のるつぼ」で競争力を高める

子ども大使やブリッジクラブを見て私が連想するのは、アメリカの大学を卒業して世界中に散らばった「アメリカファン」だ。卒業生ネットワークが強力なのである。

アメリカ最大の強みのひとつとされているのは、世界中から最優秀の人材を引き寄せて世界の先頭を走っているハーバードやスタンフォードなどの大学だ。近年には中国人が大挙してアメリカのトップ大学へ留学している。世界のベスト・アンド・ブライテストがアメリカの大学を卒業して世界各地でネットワークを築いている。

個人的にも米コロンビア大学大学院を卒業しているので肌感覚でわかる。総長や学長が来日すれば同窓会が開かれ、参加を打診される。ジャーナリストとして情報収集が必要なときには卒業生ネットワークに頼れる。だから寄付の要請があれば寄付もする。福岡に住んでいたときには市内で開かれたコロンビア大同窓会に呼ばれたこともある。

子ども大使が外国人留学生に相当するとすれば、ブリッジクラブは卒業生ネットワークに相当する。もちろんＡＰＣＣは規模の面でも影響力の面でもアメリカのトップ大学の足元にも及ばない。そもそもボランティアを中心とした活動なのだから両者を単純比較するのもおかしい。

それでも基本的な構図は同じである。外国人がアメリカの大学で学んでアメリカファンとして世界に散らばるように、外国人が福岡でホームステイして日本ファンとして世界に散らばるのである。正確には日本ファンというよりも福岡ファンと表現すべきかもしれない。

くり返しになるが、シリコンバレーはグローバル性と多様性をテコにして、いわば「人種のるつぼ」状態をつくり出して競争力を高めた。いっぽう、福岡は「アジアの玄関口」のほか、「アジアのリーダー都市」もスローガンに掲げている。「人種のるつぼ」になるにはもってこいではないか。

第七章 エンターテインメントがすごい——音楽・映像の拠点

大物ミュージシャンを輩出する「日本のリバプール」

ハリウッドがエンターテインメントの一大拠点としてアメリカ西海岸の成長を支えたように、福岡も日本を代表するエンターテインメント都市になれるだろうか。

井上陽水、チューリップ、海援隊、甲斐バンド、シーナ&ロケッツ、CHAGE&ASKA、松田聖子、チェッカーズ、KAN、MISIA、ナンバーガール、175R、浜崎あゆみ、椎名林檎――。第一章で指摘したように、福岡は著名アーティストの輩出人数で地方都市のなかで突出している。

お笑いではタモリ、俳優では高倉健がいるが、いちばん目立っているのはミュージシャンだ。そんなことから福岡は「日本のリバプール」と呼ばれる。

イギリスの港湾都市リバプールは、「二〇世紀最高のロックバンド」ビートルズを生み出して世界的に知られるようになった。日本の音楽シーンをリードしているという意味を込めて「日本のリバプール」となるわけだ。

日本ばかりか海外でも「日本のリバプール」は知られている。二〇一三年四月に英有力紙ガーディアンは「日本のリバプールは楽しさいっぱい」と題して次のように書いている(引用者訳)。

福岡市の親不孝《おやふこう》通りに行ってみよう。昼間はなんの変哲もない通りでも、夜になると音楽好きの若者が集まってくる。誰もが「第二の浜崎あゆみ」か「第二の椎名林檎」を夢見ている。浜崎も椎名も若いころに福岡で下積み時代を送り、最後は全国で大成功したJポップ（あるいはJロック）界の伝説的なスターである。

ガーディアンが言及しているのは、福岡を舞台にして一九七〇～八〇年代に勃興したロックシーン「めんたいロック」のことだ。

井上陽水、松田聖子、椎名林檎らを輩出できた土壌

なぜ多くのミュージシャンを輩出するようになったのか。学生運動が盛んだった一九七〇年に開店したライブ喫茶「照和《しょうわ》」の存在を挙げる向きが多い。福岡を拠点にする若手ミュージシャンに活躍の場を与え、多くのスターを生み出したと言われている。

そうなのかもしれない。しかし、照和の開店前にすでに福岡の音楽シーンは大きく動き出していた。福岡の地元放送局に所属する伝説的ディレクター三人がいわば目利きとして

若い才能の発掘に熱心に取り組んでいたのだ。

黒子《くろこ》として若手ミュージシャンを育てたのは、RKB毎日放送の野見山実《のみやまみのる》、九州朝日放送（KBC）の岸川均《きしかわひとし》、テレビ西日本（TNC）の藤井伊九蔵《ふじいいくぞう》の三人だ。同じ放送局とはいっても、野見山と岸川の二人はラジオ局の番組制作にかかわったのに対して、藤井はテレビ局の事業部に所属していた。事業部とはイベント担当のことだ。

井筒屋文化ホールで始まったソーシャルイノベーション

二〇一八年一月、福岡・天神。西鉄《にしてつ》グランドホテルのロビーに藤井は現れた。「近くに行きつけの喫茶店があるので、そこへ行きましょう」。タートルネックのシャツを着込んだ七七歳は、商店街を軽快な足取りで歩き始めた。

昭和の香りが漂う喫茶店に入り、コーヒーを注文。すると、やおら一冊の本を取り出した。富澤一誠《とみさわいっせい》著『「照和」伝説　財津和夫《ざいつかずお》・武田鉄矢《たけだてつや》と甲斐よしひろたち』（講談社刊）だ。

「当時の若手音楽評論家が書いた本で、非常によく調べてあっていい内容です。ただ、照和がすべての始まりのようになっているのは、ちょっと違う」

藤井によれば、アマチュアミュージシャンらが生演奏するライブコンサートの起点は、照和開店よりも三年早い一九六七年だ。この年に藤井はTNCの事業部に配属となり、北九州市の小倉井筒屋《こくらいづつや》文化ホールで「TNCサンデーフォーク」をスタートさせた。三〇〇席のキャパだったのに倍以上の若者が押し寄せ、びっくりしたという。

これだけ盛況であるならばデパートの井筒屋としても集客を見込める。結局、一回で終わる予定だった「サンデーフォーク」は毎年どころか毎月開催されるようになり、最終的には月一回のペースで一〇年以上も続くことになった。

「サンデーフォーク」が盛況だったことから、半年遅れで福岡市でも同時並行でライブコンサートがスタートした。福岡明治生命ホールで開かれる「TNCレッツゴーフォーク」だ。こちらも月一回で一三年間も続くイベントになった。

どちらもシンプルなコンサートだった。よれよれのジーンズ姿の若いミュージシャンがステージに上がり、ギターを片手に生演奏するだけだ。それでも客席は若者で埋め尽くされ、大いに盛り上がったという。アメリカがベトナム戦争にのめり込んでいった時代、人気だったのは反戦フォークソングだ。現代ならば、過激な歌で聴衆を熱狂させるラッパーに相当するかもしれない。

当時の日本では「テレビ局のライブステージは日本中を探しても北九州と福岡にしかな

かった」（藤井）。ライブの評判は全国に広がり、東京・大阪に本社を置く音楽雑誌や週刊誌、新聞がわざわざ九州まで取材に訪れるようになった。

それだけではない。東京・大阪を拠点にするプロのミュージシャンもギター一本で九州まで駆けつけるようになった。高石《たかいし》ともや、加川良《かがわりょう》、遠藤賢司《えんどうけんじ》らである。藤井は「向こうから『出演させてくれ』と電話がかかってくるんですよ。もちろんプロだからすでにレコードを出している。でも歌う場を見つけられなかったんですね」と振り返る。

藤井はライブによっていわばソーシャルイノベーションを引き起こしたと言ってもいいだろう。革新的な手法を導入して社会に新たな価値を創出し、「日本のリバプール」の礎を築くのにひと役買ったのである。

井上陽水に「暗い歌だねえ。まあ、ヒットせんでしょう」

ライブステージに立ったミュージシャンのなかには、まだラジオデビューもしていないアマチュアミュージシャン、井上陽水もいた（ラジオデビューは一九六九年）。井筒屋文化ホールで「都会では～」と歌う陽水を見て、藤井は「たっぱがある（背が高い）から立って歌ったほうがいいね」とアドバイスしながらも、「声質はすごいけれども暗い歌だねえ。

まあ、ヒットせんでしょう」と否定的だった。

「都会では〜」は一九七二年にリリースされたヒット曲『傘がない』だった。井筒屋文化ホールで「都会では〜」と歌ってから半世紀たったいまでも、藤井は陽水に会うと「あのときはヒットせんと言われましたもんね」と軽口をたたかれるという。

藤井はテレビ局のTNCに所属していたのに、なぜ音楽番組ではなくライブをやっていたのか。

当時の日本ではテレビがようやく普及し始めたころだ。ソニーが「トリニトロンカラーテレビ」第一号を発売したのは、「レッツゴーフォーク」の一回目と同じ一九六八年のこと。音楽と言えば歌謡曲全盛・ラジオ全盛の時代で、フォークシンガーをテレビ出演させるというのは論外だった。

毎月一回開かれるライブを見た人のなかにはライブ喫茶「照和」の支配人も含まれていたらしい。藤井は「彼はライブを見にきて『人がいっぱい集まるぞ』と思ったみたい。それで喫茶店を改装してライブハウスにしたんじゃないかな」とみている。

藤井が手がけるライブに刺激を受けたのだろうか、福岡の地元ラジオ局は新たな音楽番組を相次ぎスタートさせた。

一九六九年に誕生した「スマッシュ・イレブン」と「歌え若者」だ。前者のディレクターはRKBの野見山、後者のディレクターはKBCの岸川である。福岡の音楽シーン発展に向けて、三人が偶然にもほぼ同じタイミングで力を合わせる格好になったのである。

だからこそ、一九九三年四月にオープンした福岡ドーム（福岡ヤフオク！ドーム）は興奮の渦に包まれたのだ。こけら落としに福岡出身の大物ミュージシャンの「ビッグ4」が勢ぞろいし、三万六〇〇〇人の観衆を前に熱唱したのである。

ビッグ4とは、陽水、財津和夫（チューリップのリーダー）、武田鉄矢（海援隊のリーダー）、甲斐よしひろ（甲斐バンドのリーダー）のことだ。いずれも一九七〇年代に一世を風靡した大物ミュージシャンである。陽水が一九七三年にリリースしたアルバム『氷の世界』は日本初のミリオンセラーアルバムとなっている。

福岡ドームのこけら落としのためだけだったら、ビッグ4が一堂に会することはなかったかもしれない。若いころに世話になったディレクター三人に感謝するという目的があったから実現したコンサートだったと言える。

武田鉄矢を育てた「反骨の人」

イノベーションを起こすと既存秩序を破壊する形になるため、抵抗に遭ったり、理解を得られなかったりすることが多い。藤井も例外ではない。

藤井がTNC事業部に配属になった一九六七年と言えば、ブルー・コメッツなどグループサウンズとともに、美空《みそら》ひばりの『真赤な太陽』や三波春夫《みなみはるお》の『世界の国からこんにちは』が大ヒットしていた時代だ。フォークソングは「反戦歌」でビートルズは「不良」と見なされていたし、ギターを抱えた長髪の若者がテレビ局内でうろうろすると白い目で見られるのがオチだった。

そんなわけで、平社員として藤井が手がけるライブも社内ではまったく評価されなかった。上司は「俺は知らんぞ」「いつまでやるつもりだ」と言うだけで、ライブに顔を出すそぶりも見せなかったのである。実際、上司がライブに行くことはついに一度もなかった。藤井は北九州と福岡でそれぞれ毎月一回、一〇年以上もライブを続けていたというのに、である。「何も言われなかったから逆によかった。自由にやれたから」

武田鉄矢は「文藝春秋」(二〇一八年二月号)のコラムのなかで藤井について「反骨の人」と形容したうえで、古いエピソードを紹介している。

事業部のフロアの壁に張られていた後援映画のポスターに一字加えて反抗とした。トム・クルーズ主演『トップ・ガン』。そのタイトルの真ん中に「が」を付け足して、『トップがガン』として。上司が気づくまで、事業部フロアは含み笑いに包まれたという。藤井さんとはそういう人である。

社内で評価されないとわかっていながら、なぜ藤井はライブにこだわったのだろうか。
「当時はステコン華やかなりしころで、事業部では僕の前任者もステコンをやっていました。生音でやったらもっと立体的な音になって絶対にいいと思った。それがきっかけです」
「ステコン」とはステレオコンサートのことだ。井筒屋文化ホールで当時おこなわれていた音楽イベントは、ステレオシステムを使ってコンサートホール内でクラシック音楽などを流すステコンだった。TNCは「音が立体的に聞こえる」と言い、わざわざアナウンサーを手配して司会までやらせていた。「全然おもしろくなかった」(藤井)
大学時代はラジオでビリー・ヴォーンやエルビス・プレスリーなど洋楽をラジオで聴いて過ごした藤井。二〇一四年になって一八年ぶりに「レッツゴーフォーク」を開催した

(一九九六年にも一回だけ「レッツゴーフォーク」を開催していたので一八年ぶり)。「ノーギャラで司会をやる」と申し出た武田に説得されたのである。

「ファイナル(最後)」と銘打った「レッツゴーフォーク」にはチューリップのドラマーだった上田雅利《うえだまさとし》らも出演。武田は藤井への感謝を込めてパンフレットに一文を寄せ、「大人たちの贈りものが『レッツゴーフォーク』で、そのステージは永遠の青春でした」と書いている。

福岡が多くの大物ミュージシャンを輩出した背景について、藤井自身はどう考えているのだろうか。聞いてみると意外な答えが返ってきた。「どんたくとか山笠《やまかさ》とか、ここでは祭りがすごいでしょう。福岡には出たがり屋や目立ちたがり屋が多い。これが僕の結論」

福岡には「博多どんたく」や「博多祇園《ぎおん》山笠」など全国的に知られる祭りがある。前者は動員数が二〇〇万人を超える国内最大級の祭りであるいっぽうで、後者は七〇〇年以上の伝統を誇り、ユネスコ(国連教育科学文化機関)の無形文化遺産に登録されている。広い意味では祭りもエンターテインメントだ。

ウォルト・ディズニーと博多明太子

「エンターテインメントの世界首都」ハリウッドの礎を築いたのは、「ミッキーマウス」の生みの親ウォルト・ディズニーだ。実業家であると同時にクリエイターとして多彩な才能を発揮し、アニメーターや映画プロデューサー、声優としての顔も併せ持つ。

イノベーターでもある。一九二八年に世界初のサウンドトラック方式音声映画『蒸気船ウィリー』を発表、一九三七年に世界初の長編カラーアニメ映画『白雪姫』を公開、一九五五年に世界初の近代的テーマパーク「ディズニーランド」をオープン――。だからこそハリウッドの歴史に名を刻むことができたのだ。

『蒸気船ウィリー』発表からちょうど二〇年後の福岡市。ここで川原俊夫《かわはらとしお》は明太子メーカー「ふくや」を創業し、博多式の「漬け込み型辛子《からし》明太子」の開発に成功した。一九七五年に新幹線が博多駅へ乗り入れると、博多式明太子は福岡の名産品として一気に全国的に知られるようになったと言われている。

川原もイノベーターである。博多式明太子の特許や商標を取らなかったばかりか、要望があれば喜んで誰にでも製法を教えた。つまり「秘密のレシピ」の公開に躊躇《ちゆうちよ》しなかった。結果としてさまざまな明太子メーカーの誕生を後押しし、一大市場を新たに創造する格好になった。現代風に言えばオープンイノベーションを起こしたわけだ。

創業者の川原は社員から特許や商標の必要性を指摘されると、漬物を引き合いにして次のように説いたという（ニュースサイト「ＩＴｍｅｄｉａ（アイティメディア）ビジネスオンライン」から引用）。

「漬物にはさまざまな味がある。同じ大根でも白菜でも、漬け方ひとつで味は変わる。家庭ごとでも味が違う。そんな漬物に商標はあるか？　製法特許はあるか？　明太子だって誰がつくってもいいではないか」

米コカ・コーラの「秘密のレシピ」と比べれば、これがいかに常識破りの行為であるのかが浮き彫りになる。

ソーダ飲料「コカ・コーラ」は二〇世紀に入って世界中を席巻し、アメリカ文化を象徴するほどの消費者ブランドになった。原液の処方は「二〇世紀最高の秘密」であって門外不出。経営陣はそれが競争力の源泉であり、絶対に外部に漏れてはいけないと考えていたのである。

常識破りの行為があるからこそイノベーションが起きる。常識破りの「秘密のレシピ」公開で一大市場を築いた川原は、福岡が生み出した伝説的イノベーターと言える。

ふくやをドラマ化「めんたいぴりり」が大ヒット

そんな川原に興味を抱いたのが福岡に拠点を置く気鋭のクリエイター、江口カンである。彼は博多式明太子の誕生をめぐるヒューマンドラマを描くため、二〇一三年に川原を主人公にしたテレビドラマ『めんたいぴりり』を制作している。

『めんたいぴりり』は大成功した。ネット上では「東のあまちゃん、西のめんたいぴりり」と話題になった。「あまちゃん」とは、同じ時期に大ヒットしていたNHK総合の連続テレビ小説『あまちゃん』のことだ。

『めんたいぴりり』は高視聴率を獲得したことで、地方局制作ながら全国でも放送されている。二〇一五年に続編『めんたいぴりり2』が放送され、二〇一八年には映画化も決まった。川原役に選ばれたのは、福岡出身のお笑い芸人・博多華丸だ。

ドラマ化のきっかけは、二〇一〇年に江口が飲み屋で創業者の孫・川原武浩《たけひろ》（現ふくや社長）と交わした会話だ。創業者の生誕一〇〇周年を三年後に控え、江口は武浩から博多式明太子誕生の秘話をいろいろ聞かされた。「ひとつ企画してくれということか」と勝手に受け取り、後日ふくやにプレゼンしたところ、ゴーサインをもらえた。

「飲み屋で聞いた創業者の話にはおもしろいエピソードがいっぱいありました。この男がいなければ世の中に明太子は存在しないのだから、立派な発明家だなと思いましたね。飛行機を発明した人と変わらない。たかが明太子、されど明太子というところがおもしろい。しかも福岡だから、自分にひもづいた話でもあるわけです」

ディズニーは起業家としてイノベーションを起こし、「エンターテインメント都市・ハリウッド」躍進の立役者になった。彼の名を冠した巨大企業ウォルト・ディズニー・カンパニーは今なお米エンターテインメント業界の頂点に君臨している。

彼に匹敵する人物は、日本国内はもちろん世界中を見回してもなかなか見つからない。偉大なアーティストであると同時に偉大なイノベーターでもあるのだから、当然だ。だからといって「エンターテインメント都市・福岡」の可能性をあきらめる必要はない。一人の傑出した人材に頼るのではなく、クリエイティブな人材を多数集めればいい。

福岡には川原のような伝説的イノベーターがいたし、江口のような気鋭のクリエイターもいる。これまでに何度も指摘してきたように、福岡市は幸いにも「リバブル（住みやすい）」であり、クリエイティブな人材を呼び込むうえで有利なポジションにある。

福岡製ＰＲビデオで五輪招致に成功

江口はクリエイターの世界では知る人ぞ知る存在だ。二〇〇九年に世界三大広告賞のひとつ「カンヌ国際広告祭」フィルム部門で金賞を受賞し、翌年から三年連続で「クリオ賞」審査員を務めている。クリオ賞とは、カンヌライオンズと並ぶもうひとつの世界三大広告賞である。

福岡生まれで福岡育ちの江口。一九九七年に福岡で映像制作会社「空気株式会社（ＫＯＯ・ＫＩ）」を設立し、いまも福岡を拠点に活動している。なぜなのか。野球帽とパーカー姿でＫＯＯ・ＫＩのスタジオに現れた彼は、次のように説明する。

「福岡のほうにメリットがあるとか、計算があってやってきたわけじゃない。パンよりご飯が好き、みたいなレベル。毎週のように東京へ行っているから『そんなに行くなら住んじゃえば』と言われるんですが、住みたくはないですね。福岡でやっていけるので」

江口が一躍有名になったのは二〇一三年九月だ。二〇二〇年の夏季五輪開催都市に東京が選ばれて日本中がフィーバー。それに呼応して、誘致成功に貢献したと言われているプロモーションビデオ『Tomorrow begins ～未来《あした》がはじまる～』が全国的に脚光を浴びた。

このプロモーションビデオは躍動感とスピード感のあふれる演出で高い評価を受けてい

る。クリエイティブディレクターを務めたのが江口だった。

江口が福岡のクリエイティブスタジオを率いているということで、マスコミもにわかに関心を持ち始めた。「狙ったわけではないけれども、枕詞として『福岡』が使われるとすごく人々の印象に残るのかもしれない」（江口）

福岡の代表的クリエイターの一人である江口が福岡の伝説的イノベーターである博多式明太子の生みの親・川原に入れ込むのは興味深い。そこに「エンターテインメント都市・福岡」の萌芽《ほうが》があるかもしれない。ディズニーの人生が体現しているように、エンターテインメントの発展にイノベーションは欠かせない。

二〇〇六年にディズニー傘下に入った米映像制作会社ピクサー・アニメーション・スタジオがイノベーションのお手本だ。同社最大のイノベーションは一九九五年のヒット作『トイ・ストーリー』。長編アニメとしては世界初のフルCG（コンピューターグラフィックス）であり、これによって業界全体の競争環境が一変したのである。

九大芸術工学部が未来のジョブズを育てる

江口の経歴でひときわ目を引くのは、九州芸術工科大学出身という点だ（二〇〇三年に芸工大は九州大学に統合されて現在は九大芸術工学部）。そもそも芸工大がなかったら、クリエイター・江口も現れなかったかもしれない。彼自身「僕の人生を決めたのは芸工大。間違いない」と断言するのである。

芸工大が設立されたのは半世紀前の一九六八年のことだ。デザイン（芸術）とエンジニアリング（技術）の融合を目指して誕生した国立単科大学は日本初で、時代を先取りしていた。米アップルの共同創業者スティーブ・ジョブズを見るとわかりやすい。彼はデザインとエンジニアリングの融合をテコに一大IT帝国を築いたのである。

出身高校は市内では修猷館《しゅうゆうかん》と並ぶ県立の名門・福岡高校だ。ノーベル賞（医学・生理学賞）を受賞した大隅良典《おおすみよしのり》の出身校としても有名だ。福高出身者の多くは半ば自動的に九大へ進学するというのに、江口はなぜ芸工大を選んだのか。

誰もが九大へ進学する風潮に流されたくなかったからだ。「福高は進学校であるけれどもわりとバンカラ。自由があるのかと思ったけれどもむしろ逆だった。結構つらかった」。そんなことから、みんなと同じように九大へ行っても状況はあまり変わらないのではないか、という思いを持つようになった。

もっと大きな理由があった。高校三年生の夏に芸工大のオープンキャンパスに行って衝撃を受けたのだ。そこで江口が見たのは、映画監督・松本俊夫《まつもととしお》のもとで学んだ学生がつくった実験映画だった。「抽象的でくそおもしろくないのだけれども、ものすごいインパクトがあった」。これがきっかけで芸工大以外は目に入らなくなった。

江口は当時を振り返り、「こんな実験映画が評価されるというのは、どういうことなんだと思いましたね。そこに自由を感じました。一浪したけれども、どうやってでも芸工大に行くという気持ちになった」と語る。

芸工大では四学科のうちの画像設計学科に入った（ほかに環境設計、工業設計、音響設計学科があった）。映画監督の松本はすでに大学を去っていたものの、彼の教え子が先輩として残っていた。「とにかく自由でおもしろかった。めちゃくちゃでしたね。最高に楽しかったです」

とくに楽しかったのは大学内の工房だった。当時は規則が緩くて工房は事実上使い放題。江口は仲間といっしょに夜中まで工房にこもり、写真を焼いたり映像を編集したりする日々を送った。画像のほか環境、工業、音響設計学科の学生も交えて、常時なんらかのイベントを企画していた。

江口は「いろんな分野のスペシャリストが集まり、それぞれが自分の分野を超えたところでつながる。たとえば工業設計のやつは工業デザインしかやらないかというと、そうじゃない。音をつくるのも得意にしている。自分たちの領域プラスアルファでアメーバ同士がお互いに侵食し合いながらくっつくようなイメージ」と説明する。当時からデザインとエンジニアリングの融合を実践していたと言えよう。

工房は事実上の大学発スタートアップとして機能していたようだ。江口が芸工大に入学した一九八〇年代後半はバブル絶頂期で、福岡では天神地区再開発の一環としてファッションビル「ソラリアプラザ」の建設が進んでいた。「企業は安く学生を使いたい。学生は発表の機会を得たい」ということで利害が一致し、芸工大の江口チームにはソラリアからイベントの映像制作などどんどん仕事が舞い込んできたという。

江口は「いまから思えば、福岡に芸工大があって本当にラッキーでした」と語る。言い換えると、芸工大がなかったらクリエイター・江口は育たず、福岡発クリエイティブスタジオのKOO-KIも存在しなかったかもしれない。ちなみにKOO-KIのもう一人の共同設立者である木綿達史《もめんたつし》も芸工大出身だ。

シュンペーターの「創造的破壊」が必要

本書ではこれまで「福岡＝アメリカ西海岸」という問題意識を持って、大きくシリコンバレー、シアトル、ハリウッドの三要素に焦点を当ててきた。そのなかで成長エンジンとしてハリウッドは最も古い。アニメーターのウォルト・ディズニーがミッキーマウスを誕生させたのは一九二〇年代後半のことだ。

ハリウッドほどではないにせよ、「日本のリバプール」福岡の歴史も古い。「レッツゴーフォーク」がスタートしたのは、日本がまだ高度経済成長期にあった半世紀前のことである。そこにイノベーションがあり、将来的に「エンターテインメント都市・福岡」につながるかもしれない。

つまり、歴史的に見て福岡とアメリカ西海岸は似ているのである。まずはエンターテインメントの世界でイノベーションが起きて、やがて勃興するＩＴ産業とともに成長エンジンになっていくわけだ。

クリエイティブな人材が世界をけん引する時代にはふさわしい展開だ。アメリカで生まれた「テッドトーク」をご存じだろうか。各分野の著名人や専門家を招いて世界にアイデアを広げるスピーチフォーラムだ。「テッド（ＴＥＤ）」は技術（Ｔ）、エンターテインメント(E)、デザイン(D)の頭文字を取っている。

ずばり「テッド」に当てはまる福岡企業も誕生している。ゲームやテレビアニメ、映画、おもちゃなどでクロスメディア展開する「妖怪ウォッチ」のレベルファイブだ。同社社長の日野晃博は福岡市のニュースサイト「#FUKUOKA」とのインタビューのなかで「福岡をゲームのハリウッドにしたい」と語っている。

レベルファイブの成功があるからなのか、福岡ではゲーム産業の雇用は大きく伸びている。福岡市経済観光文化局のデータによると、市内のゲーム産業で働く労働者数は二〇一五年度に一四四四人を記録し、一〇年間で三倍以上に増えている。

くしくも、藤井が「レッツゴーフォーク」の一回目をやった一九六八年は、シリコンバレーで起業家モデルが誕生した年である。

第三章で書いたように、この年に「ベンチャーキャピタリスト第一号」のアーサー・ロックが半導体メーカーのインテルに創業資金を提供し、「起業家は偶然の産物ではなく育成可能である」ということを初めて実証したのである。

起業家モデルの実践者がロックだとすれば、理論家は誰か。経営学者ジム・コリンズに以前聞いたところ、古い名前が出てきた。一八八三年にオーストリア・ハンガリー帝国で生まれた経済学者ヨーゼフ・シュンペーターだ。彼はイノベーション理論を構築し、「創造的破壊」が経済の新陳代謝を促すと説いている。平たく言えば、革新的な手法をテコにして、古いものを破壊して新しいものを創造するということだ。

二一世紀型都市は、世界中からクリエイティブな人たちを引き寄せる「クリエイティブ都市」だ。福岡は「クリエイティブ都市」としてイノベーションを起こし、世界とつながるローカルハブになるポテンシャルを備えている。アーティストが集まるクリエイティブな歴史を持っているのだからなおさらである。

「都市の成長」で見ると世界九都市中で最下位

もちろん課題はいくらでもある。福岡市長の高島宗一郎が「国内主要都市のなかではナンバーワン。でもここで満足するつもりはさらさらない」と言うように、世界を見渡せばまだまだなのである。

それを浮き彫りにした調査がある。福岡アジア都市研究所が二〇一七年三月にまとめた報告書「『第3極』の都市plus3」だ。このなかで経済規模などの点で類似している世界九都市（釜山《プサン》、ヘルシンキ、ストックホルム、バルセロナ、ミュンヘン、メルボルン、バンクーバー、シアトル、福岡）が比較されている。

報告書による総合評価を見ると、福岡は「生活の質」では平均的であるものの、「都市の成長」では最下位に甘んじている。「リバブル」を生かして起業を促すなどで今後の成長につなげるのは緊急の課題なのだ。

「都市の成長」の構成要素をいくつか見てみよう。まずは生産性だ。域内GDP（国内総生産）を域内労働者数で割った「従業員一人当たりGDP（二〇一四年）」でランキングすると、福岡は釜山を下回って九都市中で最下位だ。首位のシアトルに比べて半分程度にすぎない。シアトルは一四万ドルで、一一〇円換算で一五〇〇万円以上になる。

GDP成長率でも苦戦している。二〇一〇年までの一〇年間で見ると、福岡は一・三三％で九都市中で第八位だ。ここで首位に躍り出たのは釜山（三・一六％）。釜山は福岡と同様に労働力人口の伸びが低い。にもかかわらず釜山が高い成長を達成していることについて、報告書は「主要産業の転換による可能性が考えられる」と指摘している。

「都市の成長」に欠かせない国際会議はどうか。日本政府観光局によれば、国際会議開催件数で見て、福岡は二〇一六年まで政令指定都市のなかでは八年連続で首位だ。二〇一九年に日本で初めて開催される二〇カ国・地域（G20）首脳会議の開催都市の有力候補とし

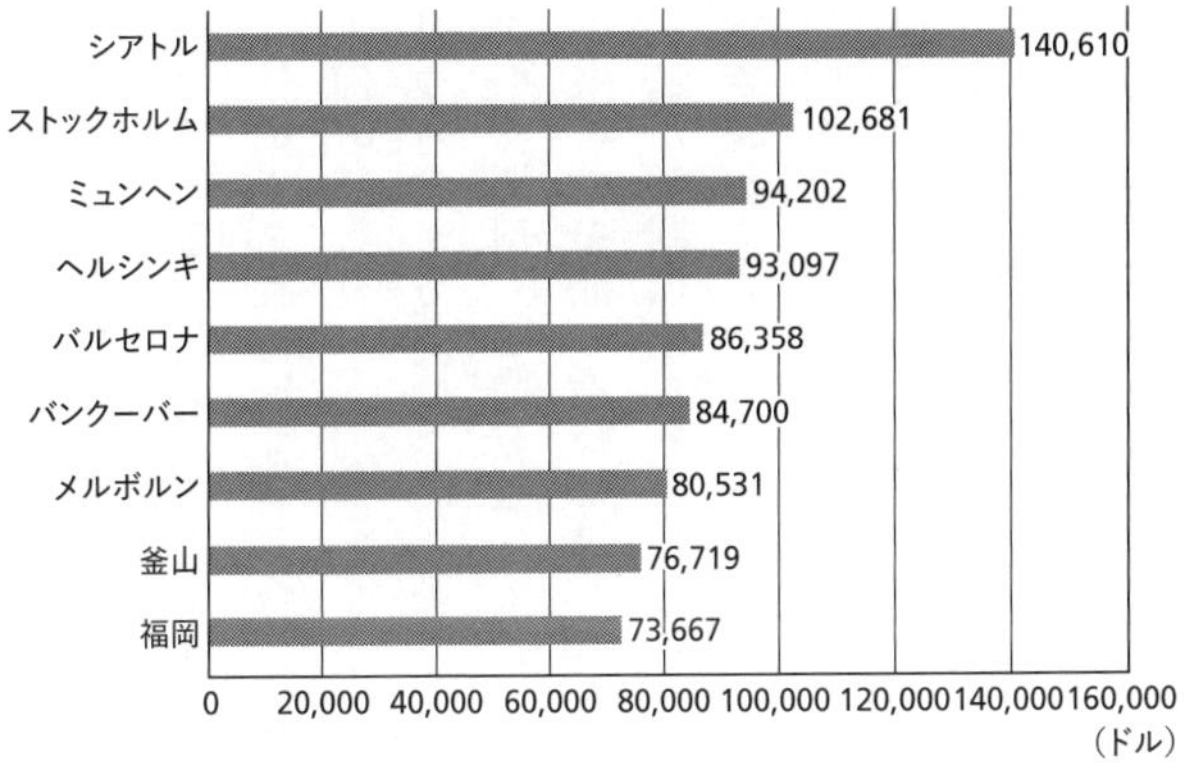

図表6　生産性（従業員一人当たりのGDP）の国際比較
2014年、福岡アジア都市研究所より

ても一時急浮上したほどだ（最終的には大阪が開催都市に決定）。

ところが、九都市を比較すると違う姿が浮かび上がる。二〇一五年の開催件数は三〇件で、九都市中で下から二番目の八位なのである。首位のバルセロナ（一八〇件）に比べると六分の一にすぎない。

イノベーションは「都市の成長」に不可欠であり、イノベーションの源は多様性とも言われている。第三章で紹介した「成長可能性都市ランキング」を思い出してほしい。野村総合研究所（NRI）は福岡について「住民は多様性に対する寛容度が非常に高く、異質なものを受け入れ、新しいことに挑戦する気質を持っている」と評価し、ポテンシャルランキングの第一位に選んでいる。

たしかに、たとえば多様性を測る指標であるグローバル化で福岡は日本国内で一歩先を走っている。だが、ここでも九都市を比較すると心もとない。

「外国生まれの居住者割合（二〇一一～一五年）」で見ると、バンクーバーとメルボルンは人口の三人に一人、ストックホルムとミュンヘンは人口の四人に一人が外国生まれだ。これに対して福岡は二％にもいたらず釜山と並んで最下位だ。国際比較するかぎり「アジアの玄関口」と胸を張って言える状況になっていない。

多様性を測る指標はほかにもある。女性やＬＧＢＴ（性的マイノリティー）だ。

私が福岡に住んでいたときに気になった言葉のひとつが「九州男児」だ。男尊女卑的な価値観とリンクしているかもしれないと思ったからだ。個人的に親しくなった共働き家族を見るかぎりでは、父親が率先して家事や子育てをしているケースも多かった（ＰＴＡ活動は母親ばかりだった）。

数字で見ると現実は違うようだ。都道府県別になるが、こんな調査もある。ニッセイ基礎研究所が内閣府の「地域における女性の活躍に関する意識調査（二〇一五年）」を利用して四七都道府県を比べたところ、家庭の理想像について「夫が外で働き、妻が家を守る」

と考える男性の割合が最も高かったのが福岡県だ。福岡県の男性のあいだでは専業主婦期待が強いということだ。

旧習打破で「アジアのリーダー都市」へ

世界と比べると課題が多いからといって、さじを投げる必要はない。変化はどんどん出ているし、福岡にはアメリカ西海岸と同様の条件がそろっている。

これまでに何度も指摘してきたように、うまく環境を整備してポテンシャルを引き出せばいい。福岡は「アジアのリーダー都市」にもなれるし「日本のシリコンバレー」「日本のシアトル」「日本のハリウッド」にもなれる。

変化という点では、二〇一八年四月二日に注目すべきニュースが飛び出した。九州初の公的認証LGBTカップルが福岡市で誕生したのである。

福岡市はLGBTのカップルを公的に認証する「パートナーシップ宣誓制度」を導入し、この日から受付を始めたのだ。多様性を受け入れる都市として大きな一歩を踏み出したわけだ。LGBTカップル第一号となった戸籍上の女性二人は、市役所内で市長の高島から最初の宣誓書受領証を手渡された。

このような制度を導入した国内自治体としては福岡は七番目となる。政令指定都市としては札幌に続いて二番目だ。

アメリカ西海岸の中心地のひとつでシリコンバレーに近いサンフランシスコに一歩近づいたと言える。同市はかねてLGBT先進地域だ。一九七七年にゲイ（同性愛者）を公言するハーヴェイ・ミルクを市議会議員に選び、世界の注目を集めた。「ゲイの世界首都」「ゲイのメッカ」と呼ばれることもある。

ちなみに、ミルクは当選翌年の一九七八年に、市庁舎内で当時のサンフランシスコ市長とともに暗殺されている。いまではLGBTの権利活動家のあいだで英雄だ。二〇〇八年にショーン・ペン主演で公開された伝記映画『ミルク』はアカデミー賞（主演男優賞と脚本賞）を受賞している。

再びアップルに注目してほしい。アメリカ西海岸のIT業界に君臨し、「世界で最も価値ある企業」の名をほしいままにしている同社の最高経営責任者（CEO）ティム・クックはゲイだ。

二〇一四年、彼は五四歳の誕生日目前に「私はゲイであることを誇りにしていますし、神から与えられた最高の贈りもののひとつだと考えています」とカミングアウト。米フェイスブックの創業者マーク・ザッカーバーグは感銘を受け、「正真正銘のリーダーとはどうあるべきかを示してくれました。ティム、ありがとう！」とフェイスブックに書き込んでいる。

アメリカ西海岸がLGBTを排除するような土地柄だったら、果たしてクックはアップルのCEOになれただろうか？　そもそもアップルがLGBTを排除するような企業であったら、「世界で最も価値ある企業」になれただろうか？

多様性はイノベーションに欠かせないし、競争力の源泉にもなる。とはいっても、言うは易くおこなうは難し。ミルクの暗殺からクックのカミングアウトまで三六年もかかっているのだ。

福岡市は東京に依存せずに世界とつながるローカルハブを目指している。そのためにはLGBTに限らず、あらゆる面で時代を先取りしていかなければならないだろう。旧習や既存秩序を打破しようとすると軋轢《あつれき》を生むことは多い。だが、シュンペーターが言うように、そうしなければイノベーションは起きないのである。

おわりに

福岡に対する思い入れはもともと強かった。それでも本を書くことになるとは思わなかった。長らく経済ジャーナリストをやっているなかで、都市問題に深くかかわることはなかったからだ。

だが、イースト・プレスの若手編集者、佐野千恵美氏から「福岡の本を書いてみませんか？」と声をかけられて、すぐに「おもしろいかもしれない」と前向きになった。福岡にはいい思い出がたくさんあったし、これまでと違うテーマで書くのも新鮮に思えたからだ。

これまで扱ってきたテーマは、「最強の投資家」ウォーレン・バフェット氏やM＆A（企業の合併・買収）、メディア業界などだ。たまに都市について記事を書くことはあったが、対象都市はかつて駐在したニューヨークなど国際金融センターに限られた。

数カ月の取材・執筆を振り返ると、予想以上に楽しい作業だった。すべて書き下ろしで大変な面もあったとはいえ、いまでは「やってよかった」という思いしかない。

カリフォルニアに続いて福岡に住み、かねて「福岡はカリフォルニアと似ている」という問題意識を持っていた。ずばりその切り口で本書を書けたのである。取材を進めるうちに多くの発見があった。チャンスを与えてくれた佐野氏にお礼を申し上げたい。

自治体や大学、企業など多くの福岡関係者が取材に応じてくれた。「『福岡はすごい』というテーマで取材しています」と伝えれば、忙しいなかでも喜んで時間をつくってくれた。起業家から聞く話はとりわけ刺激的だった。この場を借りて感謝したい。

九州大学の起業家教育センター「QREC」にも触れなければならない。そもそもQRECなしでは本書は日の目を見なかったはずなのだ。

本書のなかでも書いてあるように、私の妻がQRECに採用されたから家族でカリフォルニアから福岡へ移住したのである。当時QRECセンター長だった谷川徹《たにがわとおる》・九大教授は、採用に絡んでわざわざカリフォルニアまで出向いてくれた。

福岡時代の友人・知人にも感謝したい。居酒屋で飲んだりホームパーティしたりするなかで、福岡に関するさまざまな話を聞けた。文字どおり「福岡はすごい」で盛り上がることは多く、いまでもいい思い出になっている。

とくに、地元の千早小学校の校長を務めていた古賀良和《こがよしかず》先生にお礼を申し上げたい。博多生まれで博多育ちの古賀先生は愉快で気さくな人柄で、学校では大人気だった。

私の子ども三人ばかりか、私自身もお世話になった。古賀先生が校長のときに私はPTA会長になったからである。日本語が不自由な子どものことで学校へ何度も相談しに行くうちに、古賀先生は「PTA会長は牧野さんに」と思ったようだ。

二〇一六年春に私が東京へ引っ越してPTA会長を退任すると、古賀先生も定年退職で学校を去ることになった。PTA会長になったことで地元と深くかかわり、福岡について多くを学ばせてもらった。じつのところ、私は東京生まれの東京育ちでありながら、たった三年間の福岡生活で東京以上に地元に溶け込むことができた。

佐野氏は「牧野さんは三年間福岡に住んだことがあるから福岡にはある程度詳しい。でも福岡生まれの福岡育ちではない。だから執筆をお願いしたいと思った」と言う。要するに、私であれば一定の距離感を保って取材してくれると期待したのである。

もちろん、私はジャーナリストであるから、単なる福岡礼賛本や観光本を書くつもりはなかった。それでも、少なからずバイアスがかかっているということも、この場を借りてはっきり伝えておきたい。

私は本書のなかに個人的な実体験も入れているし、妻経由の情報も入れている。たとえば九大のウエートが実態以上に大きくなっているかもしれない。福岡時代には、九大勤めの妻から九大のことを日常的にいろいろと聞かされていたのである。

少し脱線するが、私の家族も福岡に対する思いが強い。私が本書を書いているあいだ、長男はテレビアニメ『博多豚骨ラーメンズ』（TOKYO MX）にはまっていた。「博多駅とか、知っている場所がたくさん出てくる」と興奮し、私にも見るよう勧めたのである。

最後に、いつものことではあるのだが、妻の恵美に感謝したい。本書を書くうえでさまざまな情報を提供してくれたし、草稿段階で原稿に目を通してアドバイスもしてくれた。

なお、本文中の人名については、「おわりに」を除いて敬称を略させていただいた。

牧野洋

二〇一八年五月、東京にて

イースト新書
103

福《ふく》岡《おか》はすごい

2018年 6 月15日　初版第1刷発行
2019年11月10日　　　第5刷発行

著者
牧《まき》野《の》洋《よう》

編集
佐野千恵美

発行人
永田和泉

発行所
株式会社
イースト・プレス
〒101-0051
東京都千代田区神田神保町2-4-7 久月神田ビル
Tel:03-5213-4700 Fax:03-5213-4701
http://www.eastpress.co.jp

装丁
木庭貴信+川名亜実
(オクターヴ)

本文DTP
松井和彌

印刷所
中央精版印刷株式会社

ISBN978-4-7816-5103-3